생각 천재가 되는 야니의 모험 이야기

내가 꿈꾸는 목표를 이루고 싶어

The Story of Yani's Goal
by Kathy Suerken and John Suerken
Copyright ⓒ 2018 and 2019 by Kathy Suerken and John Suerken All rights reserved.
Original Title : The Story of Yani's Goal (First ~ Fourth in a series)

Korean Translation Copyright ⓒ 2020 by Haktojae Publishers.
The Korean Edition was published by arrangement with Kathy Suerken and John Suerken.

이 책의 한국어판 저작권은 저작권자와의 독점 계약으로 학토재 출판사에 있습니다. 저작권법에 의해 한국 내에서 보호를 받는 저작물이므로 무단 전재와 복제를 금합니다.

생각 천재가 되는 야니의 모험 이야기

내가 꿈꾸는
목표를 이루고 싶어

펴낸날 초판 1쇄 발행 2020년 6월 1일

지은이 캐시 써얼켄, 존 써얼켄
옮긴이 최원준
펴낸이 하태민
연구진 한국TOCfE연구회(황중숙, 조은영, 허지은, 김도형)
책임편집 박보영
행정관리 백윤향
디자인 플러스
일러스트 구민정

펴낸곳 (주)학토재
출판등록 2013-000011호
주소 서울시 서초구 강남대로 18길 5 세한빌딩 4층
전화 02-571-3479
팩스 02-571-3478
홈페이지 www.happyedumall.com
전자우편 htj3479@happyedumall.com

ISBN 979-11-85668-45-1 73190

· 값은 표지 뒤쪽에 적혀 있습니다.
· 잘못된 책은 바꾸어 드립니다.
· 이 도서의 국립중앙도서관 출판예정도서목록(CIP)은 서지정보유통지원시스템 홈페이지(http://seoji.nl.go.kr)와 국가자료종합목록 구축시스템(http://kolis-net.nl.go.kr)에서 이용하실 수 있습니다.
 (CIP제어번호 : CIP2020019507)

생각 천재가 되는 야니의 모험 이야기

내가 꿈꾸는 목표를 이루고 싶어

캐시 써얼켄, 존 써얼켄 지음 | 최원준 옮김

학토재

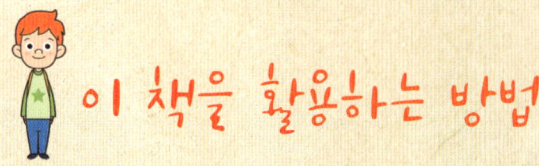

이 책을 활용하는 방법

이 책은 '야니'라는 주인공이 요안나 여왕을 구하기 위해 네 가지 열쇠를 찾는 모험을 하는 이야기입니다. 야니는 열쇠를 하나씩 찾을 때마다 자신이 가진 문제를 어떻게 해결해야 하는지를 생각도구들을 통해 배우게 됩니다. 아이와 부모/선생님이 함께 이 책을 보면서, 내 꿈과 목표를 실현하기 위해 어떻게 해야 하는지 이야기를 나눌 수 있습니다.

아이와 함께 이야기를 읽으면서 야니가 자신이 원하는 것을 이루기 위해 문제를 해결하는 방법을 알아봅니다.

각 장의 끝에 있는 '생각 페이지'에서 야니의 문제 해결법(생각도구)을 다시 한번 정리해봅니다.

야니가 배운 생각도구(구름, 야심찬 목표나무, 가지)를 실제 생활 속에서 만나는 문제들에 적용해서, 어떻게 풀어갈지를 함께 이야기해 봅니다.

글쓴이의 글
오늘도 꿈꾸고 있는 어린이들에게

어린이 여러분, 마음속에 품고 있는 꿈이나 목표가 있나요?

많은 친구를 사귄다, 훌륭한 학생이 된다, 부모님이 자랑스러워하는 사람이 된다, 같은 것 말이에요. 여러분은 커서 어떤 사람이 되길 원하나요? 마음속 꿈은 크고 아름답지만, 현실에서는 꿈을 성취하는 데 방해가 되는 걸림돌들이 많아요. 학교에 있을 때, 친구들과 지낼 때, 가족과 지낼 때, 생각지 못한 갈등과 문제로 화가 나거나, 슬프거나 무서움을 느끼기까지 하잖아요. 무엇을 해야 할지 모르면 마음이 꺾이고 힘이 빠져 우리의 목표와 꿈을 이룰 수 없다는 생각까지 하게 되죠.

그런데 만약에… 이러한 걸림돌 모두를 디딤돌로 바꿀 수 있는 생각법이 있다면 어떨까요?

　이 책에서 야니라는 소년은 위험에 빠진 사람을 구해 내려는 목표를 세웠는데, 그것을 이루려면 많은 문제를 풀어야 했어요. 친구들은 야니가 그 문제들을 풀 수 없을 거라며 야니를 말렸어요. 그렇지만 야니에게는 그 목표가 너무 중요해서 포기하지 않았어요.

　야니는 모험을 시작했고, 그 길에서 특별한 선생님과 귀뚜리와 푸기 부엉이 같이 좋은 도우미들을 만났어요. 모험의 길을 가는 동안 야니는 그들에게서 '구름', '야심찬 목표나무', '가지'와 같은 생각도구들을 배워 문제 해결을 잘하고 걸림돌을 디딤돌로 만들어내는 법을 알게 됐어요.

　여러분들도 야니처럼 할 수 있어요. 전 세계 수백만의 어린이가 그랬던 것처럼 말이에요.

　　여러분의 부모님들은 여러분에게 가장 좋은 것을 바라고 계세요. 부모님들은 여러분이 결정을 잘 내리는 법을 배우기를 원하세요. 왜냐하면 여러분이 꿈과 목표를 이루어 행복한 삶을 살기를 바라시기 때문이에요! 여러분이 자신의 문제들을 멋지게 푸는 법을 알게 될 때 부모님이 여러분에 대해, 또 여러분이 자신에 대해 얼마나 자랑스럽게 느낄지 상상해 보세요!

20여 국의 수백만 어린이들이 자신의 꿈과 목표를 이루는 길에서 만나는 걸림돌들을 극복하기 위해 이 생각도구들을 배웠어요. 이 책이 여러분에게 생각도구들을 어떻게 사용하는 것인지 잘 알려줄 거예요. 그럼 다 함께 모험을 떠나 볼까요?

미국 플로리다 나이스빌에서
캐시 써얼켄, 존 써얼켄

옮긴이의 글

이 책을 보시는 부모님들과 선생님들께

우리 아이들의 미래, '생각하는 힘'에 달렸습니다

인류의 지식이 늘어나는 속도는 계속 빨라져서 요즈음은 거의 1년에 두 배씩 증가하고 2030년이 되면 3일에 두 배씩 증가할 것이라고 합니다. 앞으로 주입식·암기식·수동적 학습은 더욱더 힘을 쓰지 못하게 됩니다. 아이들은 스스로 창의적·비판적·융합적 사고를 할 수 있는 능력을 갖추어야 합니다.

인공지능 시대에 꼭 필요한 능력, 유대인의 생각법 'TOCfE'

이스라엘의 엘리 골드랫 박사는 유대인의 생각법을 기반으로 하여 명확하게 생각하는 원리와 방법을 제시하였습니다. 병목

구간이 전체 교통의 흐름을 정하는 것처럼 제약(병목)이 전체의 성과를 결정한다는 통찰에서 출발한 TOC(Theory of Constraints, 제약이론)가 바로 그것으로, 전 세계적으로 유수한 기업, 정부, 군대, 병원, 유통산업 등에 적용되어 큰 성과를 내고 있습니다.

TOC를 학생들의 교육 현장에 맞게 단순화한 것이 TOCfE(TOC for Education, 교육을 위한 TOC)입니다. TOCfE에서는 구름(Cloud), 가지(Branch), 야심찬 목표나무(Ambitious Target Tree)라는 **간단한 그래픽 논리 도구**를 사용하여 생각을 정리하게 합니다. TOCfE는 현재 20여 개국에서 유치원, 초중고 교육 및 독서/논술 교육, 상담/코칭 활동, 영재교육, 독서장애아 교육 등에 활용되고 있습니다.

TOCfE로 우리 아이에게 '명확하게 생각하는 능력'을 키워주세요

골드랫 박사는 1995년에 국제TOCfE협회(www.tocforeducation.com)를 설립했습니다. 이 협회 회장을 처음부터 지금까지 맡아온 캐시 써얼켄 회장과 남편 존 써얼켄 선생이 이 책의 저자입니다. 두 저자는 이 책에서 TOCfE로 '명확하게 생각하는 법'을 알려주었습니다.

- 갈등/딜레마 상황에서 서로의 입장을 이해하고 win-win **해결책을 찾을 수 있는 능력**
- 행동/아이디어가 어떠한 결말을 내는가를 알아내고 개선 아이디어를 찾는 **인과 관계 사고 능력**
- 야심찬 목표 앞에서 주눅 들지 않고 어려움을 극복할 수 있는 **도전적 문제 해결 능력**
- 자신의 생각을 다른 이에게 가르치고 설득할 수 있는 **의사 소통 능력**

이 책은 야니라는 어린이가 이러한 능력을 하나하나 갖추어 나가는 탐구의 과정을 담고 있습니다. 주목할 점은 야니에게 생각하는 법을 가르칠 때 질문을 통해 스스로 생각하는, **소크라테스 대화법**을 사용했다는 것입니다. 이런 접근법은 우리 아이들의 교육에서 무엇보다 중요합니다.

이 책은 누구에게 필요할까요?

이 책은 어린이를 주요 대상으로 쓰인 책입니다. 그런데 이 책은 TOC 철학의 근본적인 질문들을 담고 있어서 어린이뿐만 아니라 명확하게 생각하기를 원하는 성인에게도 유용합니다. 이 책을 읽는 모든 이들이 명확하게 생각하는 법을 쉽게 배우고, 가

정과 학교 교육, 더 나아가 사회에 긍정적인 변화를 가져올 수 있기를 진심으로 바랍니다.

이 책은 몇 가지 점에서 원서와 차이가 있습니다. 출판사의 결정에 의해 네 권이었던 원서를 한 권으로 만들었고, 원서에는 없는 '생각 페이지'가 추가되었습니다. 글을 다듬고 검토하는 과정에 도움을 주신 한국TOCfE연구회(www.tocfekorea.org)의 임원인 황중숙, 조은영, 허지은, 김도형 선생님께 감사드립니다. 특히 초등학생인 남아인 양은 번역 초고를 읽고 피드백을 주어 어린이 독자의 눈높이에 맞추는 데 도움을 주어 고마움을 전합니다. 책임편집 역할을 해준 기획전문가 박보영 선생님과, TOCfE 어린이 도서의 필요성을 인정하고 번역출간을 흔쾌히 맡아주신 학토재 하태민 대표님께도 감사를 드립니다.

최원준
울산대학교 교수, 한국TOCfE연구회 고문

 내가 꿈꾸는 목표를 이루고 싶어
추천의 글

생각은 마음을 움직이고 마음은 행동을 바꾼다. 그러므로 생각하는 능력이 곧 문제해결 능력이며 리더십이다. 자녀의 문제해결 능력을 키워주고 싶은 분, 의미 있는 삶을 추구하는 모든 분들에게 이 책은 좋은 선물이 될 것이다.

-(사)한국TOC협회 회장, 전남대학교 교수 정남기

'아는 것', '아는 방법'에서 이제는 '할 줄 아는 것'이 힘인 시대, 역량의 시대로 넘어왔다. 역량 획득 방법은 아주 간단하다. 따져 보고, 합의하고, 실천하면 된다. TOCfE 생각도구 '가지'로 따져 보고, '구름'으로 합의하고, '야심찬 목표나무'로 실천할 수 있다. 이 책은 야니의 모험을 통해 생각하는 힘의 위대함을 보여주고 있다.

-경인교육대학교 교수 정문성

학생들에게 창의적 사고력을 길러줘야 한다는 말을 많이 하지만 '어떻게?'에 대한 해답이 늘 궁했다. 어느 날 우연찮게 접하게 된 TOCfE 생각도구로 그 해답을 찾았고, '생각도구를 어떻게 학생들이 이해하기 쉽게 가르칠까?'에 대한 해답을 이 책에서 얻었다. 야니의 모험을 따라가다 보면 학생들은 TOCfE 생각도구를 쉽게 이해하고, 명확하게 생각하는 법을 자연스럽게 알게 될 것이다.

-인천광역시북부교육지원청 장학사 황중숙

대문호 톨스토이는 어른들에게 〈세 가지 질문〉을 통해 가장 중요한 순간, 소중한 사람, 가치 있는 일이 무엇인지 물었다. 나는 질문의 중요성을 알려주는 최고의 책으로 이 소설을 꼽았는데, 이제 야니의 모험을 담은 이 책을 더 추가해

야겠다. 야니가 풀어가는 '네 가지 질문'은 소중한 우리 아이들에게 명확하게 생각하는 힘을 일깨워주는 지침을 제공한다. 야니의 이야기 속 여정을 따라가다 보면, 우리 자녀들에게 자연스럽게 질문의 가치와 기쁨을 발견하게 해 줄 것이다. -질문디자인연구소 소장, <혁신가의 질문> <다시, 묻다> 저자 박영준

재미있는 이야기를 통해 TOCfE 생각도구에 대해 알아볼 수 있는 책이 나와서 정말 기쁘다. 독자들이 야니의 모험을 함께 따라가다 보면 어느 순간 스스로가 좀 더 똑똑해지고 있음을 느낄 수 있을 것이다. 야니가 생각도구들을 통해 꿈을 이루어 나가듯 이 책을 통해 많은 어린이들이 생각하는 힘을 길러 자신이 꿈꾸는 목표를 이루어 나가기를 진심으로 바란다.

-인천부평동초등학교 교사 박영민

"스스로 생각하고 문제를 해결하는 TOCfE 생각도구는 딸아이에게 물려주고 싶은 유산 목록 중 하나"라고 남편이 말해오던 차에, 2019년 초 캐시 써얼켄 선생님의 강의를 초등 3학년 딸아이와 함께 참여할 기회가 생겼다. 딸 지우가 '가지' 그림을 나보다 쉽게 그리는 것을 보고, 아이가 자기 생각을 표현하고 보다 나은 행동을 스스로 선택할 수 있는 효과적인 도구임을 알게 되었다. 딸아이가 써얼켄 선생님으로부터 선물 받은 원서가 한글로 출판되어 반갑고, 나를 포함해 아이를 양육하는 엄마들에게 도움이 되리라 기대한다.

-초등학생 자녀를 둔 학부모 윤은진

 THE STORY OF YANI'S GOAL
차례

이 책을 활용하는 방법 ······ 5

글쓴이의 글 ······ 7
옮긴이의 글 ······ 10
추천의 글 ······ 14

1 장
진 사람없이 모두가 이기려면 어떻게 해야 할까?

1. 야니, 모험을 떠나다 ······ 23
생각 페이지_목표를 이루기 위한 네 가지 질문

2. 여왕을 구하고 싶지만, 너무 두려워! ······ 29
생각 페이지_'구름' 생각도구를 이용해 고민 이해하기

3. 고민을 해결하려면 무엇을 해야 할까? ······ 38
생각 페이지_내가 '원하는 것'에서 내가 진짜 '필요한 것'을 찾아보기

4. 어떻게 해야 할지 모르겠어 ······ 50
생각 페이지_점승과 올리버의 갈등을 해결하는 방법

5. 싸우지 않아도 문제를 해결할 수 있다고? ······ 64
생각 페이지_친구와 다투지 않고 문제 해결하는 방법을 찾아보기

2 장
소원을 이루려면 어떻게 해야 할까?

6. 만만치 않은 목표를 어떻게 이룰까? …… 77
생각 페이지_ '걸림돌'을 찾고 '디딤돌'로 극복하기

7. '스스로 생각하는 법'을 배우고 싶어 …… 87
생각 페이지_ '야심찬 목표나무' 생각도구를 이용해 스스로 생각해 보기

8. 친구하고 놀고 싶은데, 먼저 방 청소를 해야 해 …… 96
생각 페이지_ 해야 할 일을 체계적으로 하는 방법 배우기

9. 보물찾기에서 이기는 방법은? …… 103
생각 페이지_ 처음에 어렵게 보이는 과제를 어떻게 해결할 수 있을까?

10. 여러 사람이 힘을 합치면 바위도 들어 올릴 수 있어 …… 114
생각 페이지_ 새로운 '걸림돌'이 나타났을 때 어떻게 해야 할까?

3장
나의 미래를 바꾸려면 어떻게 해야 할까?

11. 과거는 바꿀 수 없지만, 미래는 바꿀 수 있다고? …… 133
생각 페이지_'가지' 생각도구를 이용해 보다 나은 결과를 생각해 보기

12. 생각을 바꾸면 문제를 해결할 수 있어 …… 152
생각 페이지_문제가 생겼을 때 원인을 찾아 문제를 해결하는 방법

13. 답을 아는 것보다 '스스로 생각하는 법'을 아는 게 더 중요해 …… 162
생각 페이지_'스스로 생각하는 법'을 배우기

4장
왜 질문이 답보다 좋은 걸까?

14. 스스로 생각해서 문제를 풀 수 있으려면? …… 173
생각 페이지_'가지', '구름', '야심찬 목표나무'를 이용해 스스로 생각하기

15. 내 앞에 놓인 문제를 두려워할 필요가 없어 …… 190
생각 페이지_계속해서 도전하기

생각 페이지 해설 …… 202

1장

진 사람 없이 모두가 이기려면 어떻게 해야 할까?

THE STORY OF YANI'S GOAL

1. 야니, 모험을 떠나다

보랏빛 바다 한가운데 있는 아름다운 섬,
그 섬을 다스리는 요안나 여왕이 납치를 당했다!
'야니'는 여왕을 꼭 구하고 싶은데, 어떤 선택을 하게 될까?

　　　　　　보랏빛 바다 한가운데에 있는 아름다운 섬에 야니라는 아이가 살았어요. 야니에게는 많은 친구가 있었죠. 친구들은 야니가 문제를 만날 때마다 잘 해결할 수 있도록 도와주곤 했어요. 야니는 무엇을 할지 결정할 때 늘 친구들의 말을 따랐어요.

　호기심 많은 야니는 자신이 사는 이 작은 섬이 좋았지만, 바다 너머에 무엇이 있는지 항상 궁금했어요. 시간이 갈수록 점점 더 궁금해졌지요.

　어느 날, 이 섬을 다스리는 요안나 여왕이 바다를 건너다 납치를 당해 헤르트 섬에 갇혔다는 소식이 들려왔어요. 사람들은 당황하고 슬퍼했지만 여왕을 구하겠다고 선뜻 나서지 않았어요.

여왕을 구출하려면 네 개의 열쇠를 모두 가져야만 해요. 네 개의 열쇠를 얻기 위해서는 다음의 질문에 모두 정답을 말해야만 한답니다.

1. 진 사람 없이 모두가 이기려면 어떻게 해야 할까?
2. 소원을 이루려면 어떻게 해야 할까?
3. 나의 미래를 바꾸려면 어떻게 해야 할까?
4. 왜 질문이 답보다 좋은 걸까?

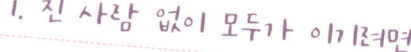

야니의 친구들은 네 개의 질문의 답을 모두 맞힌다는 것은 불가능하다고 말했어요. 예를 들자면 진 사람 없이 모두가 이기게 할 수는 없다고 했어요.

그러나 네 개의 질문에 대한 답을 다 찾지 못한다면 요안나 여왕은 다시 돌아오지 못할 거예요. 그러면 이 작은 섬은 큰 손해를 입게 되겠죠. 요안나 여왕은 백성들이 서로 다툴 때마다 공정하게 일을 처리해준 좋은 지도자였어요. 그래서 백성 모두가 여왕을 사랑했어요. 야니도 물론이지요. 야니는 요안나 여왕이 다시 돌아올 수만 있다면 어떤 일이든 하겠다고 마음먹었어요.

"나는 꼭 요안나 여왕님을 돌아오게 하고 싶어. 그러기 위해서 뭐든 할 거야!"

여왕을 되찾기 위해 야니는 무엇을 할 수 있을까요? 야니는 바다 건너 어느 섬에 사는 사람들이 어떤 문제든 풀 수 있다는 이야기를 들은 적이 있었어요. 야니는 만약에 자기 섬의 어느 누구도 이 네 가지 질문에 대한 답을 모른다면 직접 그 섬으로 가서 도움을 구해보는 것이 어떨까 생각했어요.

하지만 그렇게 해도 좋을지 잘 알 수 없었어요. 그래서 야니는 친구들에게 그 섬을 찾아가야 할지 말지를 물어보았어요. 하지만 친구들은 모두 야니를 말렸답니다.

"넌 어차피 혼자서 문제 해결을 할 수 없잖아. 항상 다른 사람들이 하라는 대로 하면서, 뭘."

야니도 그 말이 맞다고 생각했어요.

'다른 사람이 풀 수 없는 문제는 나도 결코 풀 수 없어.'

그렇게 생각하니까 우울하고 속상했어요. 하지만 그냥 단념할 수는 없었어요. 요안나 여왕을 구출해야겠다는 마음이 아주 간절했거든요.

어느 날 저녁, 야니는 바닷가를 거닐다가 물가 근처 바위에 묶여 있는 작은 뗏목을 발견했어요.

'이 뗏목으로 바다를 건널 수 있을 거야. 그러면 바다 건너에 있는 섬에서 네 가지 질문에 대한 답을 얻어서 요안나 여왕님을 구할 수 있겠지? 아… 그럼 얼마나 좋을까?'

다른 생각을 할 겨를도 없이 야니는 뗏목에 올라타 노를 쥐고 밧줄을 풀기 시작했어요. 하늘을 보니 시커먼 구름이 몰려오고 있었어요. 올바른 결정을 한 건지 걱정하는 마음이 있었지만, 어느새 뗏목은 바다로 흘러가고 있었어요.

생각 페이지
목표를 이루기 위한 네 가지 질문

야니는 어떤 사람인가요?

_____
_____
_____
_____
_____

야니가 요안나 여왕을 구출하기 위해
풀어야 할 네 가지 질문은 무엇인가요?

_____
_____
_____
_____
_____
_____

친구들은 여왕을 구하고 싶어 하는 야니에게
어떻게 말했나요?

여왕을 꼭 구하고 싶어 모험을 떠난 야니처럼 뭔가를 꼭 해야겠다고 결심한 적이 있나요? 어떤 결심을 했고 그때 어떤 마음이 들었나요?

2. 여왕을 구하고 싶지만, 너무 두려워!

바다 건너 어딘가에 도착한 야니,
무엇부터 해야 할지 도무지 모르겠는데…
그냥 포기하고 집으로 가야 할까?

　　　　　　　　야니는 바다 건너에 있는 섬에 도착했어요. 그곳에는 작은 백사장을 따라 나무들이 있었어요. 야니는 우선 뗏목을 물 위로 끌어 올려놓고 얼마나 멀리 온 건지 생각했어요.

　여왕을 구하겠다는 마음에 뗏목을 타고 바다까지 건너왔지만, 지금부터 무엇을 해야 할지 알 수 없었어요. 무엇부터 해야 할까? 정말 여왕을 구할 수 있을까? 나 혼자서 잘 할 수 있을까? 생각이 꼬리에 꼬리를 물면서 덜컥 겁이 났어요.

　돌아갈까? 아니야! 야니는 여기까지 온 이유를 곰곰이 생각했어요. 요안나 여왕을 구출하는 것이 얼마나 중요한 일인지 생각하니 여기서 포기할 수는 없었어요. 하지만 무엇부터 해야 할까? 야니는 어찌할 바를 몰라 머릿속이 하얘지는 것 같았고, 결국 바닥에 주저앉고 말았어요.

야니가 두 손으로 턱을 괴고 앉아 있는데 저쪽에서 할아버지 한 분이 다가왔어요.

"얘야, 무슨 고민이라도 있니?"

야니는 한마디도 하지 못했어요. 자기 문제를 어떻게 설명해야 할지 몰랐기 때문이죠. 할아버지는 뗏목을 바라보고 다시 눈을 돌려 바다 너머를 바라보았어요.

"내가 보기에 넌 이 뗏목을 타고 어디론가 가야 할지 말지 고민하는 것 같은데… 맞니?"

"맞아요. 저는 집으로 돌아가야 할지, 말아야 할지 잘 모르겠어요."

할아버지는 손에 들고 있던 지팡이로 모래 위에 두 개의 작은 '구름'을 그렸어요. 그리고 구름 하나에는 '나는 집에 가길 원한다.' 다른 하나에는 '나는 집에 가길 원하지 않는다.'라고 썼어요.

"이것이 너의 고민이야. 그런데 네가 원하는 이 두 가지를 동시에 모두 할 수는 없단다."

"그럼 제가 어느 쪽을 선택해야 할지 도와주실 수 있으세요?

저는 어떻게 하면 좋을까요?"

"만약 네가 문제를 제대로 이해한다면 어떻게 하는 게 좋을지 알 수 있을 거다. 너는 왜 집에 가길 원하는 거지? 만약 여기에 머무른다면 어떠한 점이 안 좋은 거니?"

야니는 할아버지의 질문에 대해 곰곰이 생각해 보았어요.

"글쎄요. 여기에 있으면 어떤 일이 일어날지 모르겠어요. 제가 안전하게 지낼 수 있을까요?"

"너는 그러면 안전하게 지낼 '필요' 때문에 집에 가길 원하는구나."

할아버지는 야니와 나눈 말들을 모래 위에 계속 적었어요.

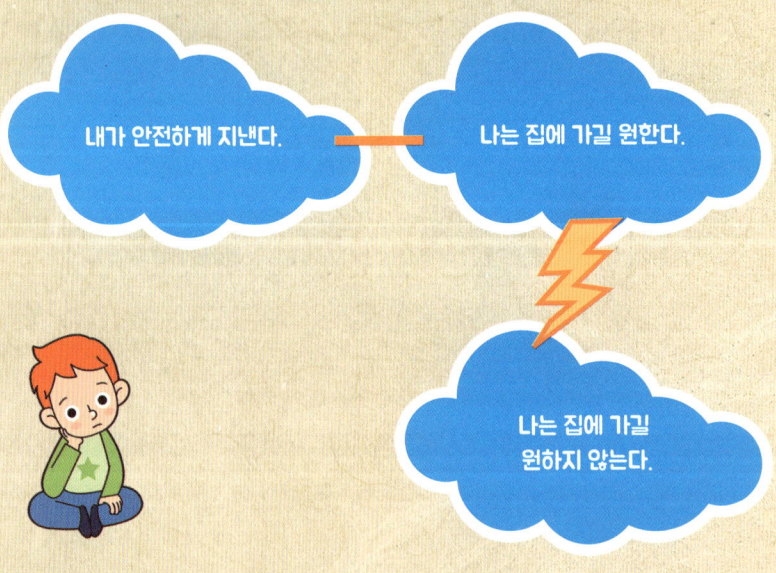

"그러면 넌 왜 여기에 머무르려고 하니? 만약 네가 돌아간다면 어떠한 점이 안 좋은 거야?"

"제 목표를 포기하지 않기 위해서죠! 만약 제가 집으로 돌아간다면 저는 요안나 여왕님을 구출할 수 없게 돼요."

"그러면 너는 요안나 여왕을 구출할 '필요'가 있는 거구나."

야니는 할아버지가 모래 위에 적고 있는 글을 보았어요. 그러자 자신이 무엇을 진짜 필요로 하는지 분명히 알 수 있었어요.

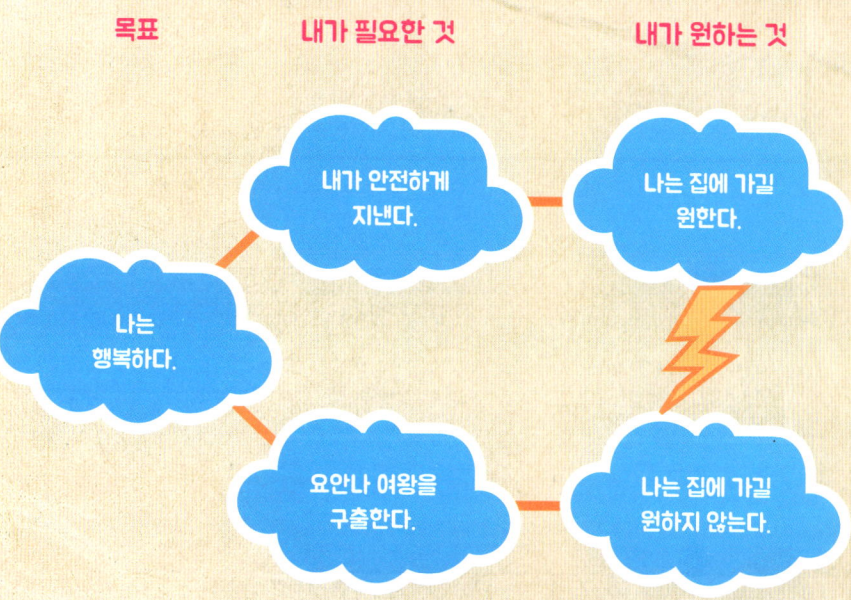

"이 두 가지를 모두 얻을 수 있다면 저는 엄청 행복해질 거예요. 아! 이제 제 문제가 무엇인지 분명하게 알게 되었어요. 그럼 이제 저는 어떻게 해야 하죠?"

"네가 결정을 잘 내리려면 너에게 중요한 필요, '안전하게 지낼 필요'와 '요안나 여왕을 구출할 필요' 모두를 동시에 만족시킬 수 있는 길이 무엇인지 생각해야 한단다."

"음… 제가 필요할 때 도움을 얻을 수만 있다면 저는 더 안전할 것 같아요."

할아버지는 잠시 생각하더니 다시 야니를 바라보았어요.

"나에게 많은 것을 가르쳐 준 지혜롭고 친절한 요정이 있단다."

할아버지는 주머니에서 작은 악기를 꺼내서 야니에게 건네주었어요.

"네가 어떻게 풀어야 할지 모르는 문제를 만나거든 이 피리를 불어 보렴. 그러면 요정이 나타나 도와줄 거야. 그러면 집에 돌아가지 않고도 안전하게 지내고 싶은 너의 '필요'를 만족할 수 있지 않을까?"

야니는 피리를 받은 후 할아버지에게 감사하다고 인사를 드리고 다시 길을 떠났어요. 야니는 눈앞에 보이는 숲속으로 걸어 들어갔어요. 길을 따라가다 작은 나무에 붙어 있는 팻말을 발견했는데, 거기에는 'TOC[1]'라고 쓰여 있었어요.

"음… TOC가 뭐지?"

처음에는 나무들이 친구처럼 자신을 반겨주는 것 같았어요. 그런데 숲속으로 더 깊이 들어가자 검고 굵은 나무들이 나타났고, 야니는 무서운 생각이 들었어요. 좀 더 걸어가자 갑자기 길이 사라졌어요. 야니는 어디로 가야 할지 알 수 없었어요.

원래 혼자 있는 것을 좋아하지 않던 야니는 친구를 데려왔더라면 좋았을걸 하는 생각이 들었어요. 바람이 나뭇가지 사이에서 윙윙 소리를 내자 두려운 마음에 몸이 떨려 왔어요. 그때 주머니에 넣어둔 피리가 바닥으로 툭 떨어졌어요. 할아버지의 말이 생각난 야니는 피리를 주워서 불기 시작했어요.

---
1. TOC(Theory Of Constraints, 제약이론): 유대인의 생각법에서 나온 명확하게 생각하는 원리와 방법

생각 페이지
'구름' 생각도구를 이용해 고민 이해하기

 바다 건너 섬에 도착한 야니는 어떤 고민을 하게 되었나요?
아래의 구름 ①과 ②에 그것을 적어보세요.

 야니에게 진짜 '필요한 것' 두 가지는 무엇이었나요?
아래의 구름 ③과 ④에 그것을 적어보세요.

 야니는 이 두 가지 '필요'를 모두 얻을 수 있다면 어떻게 될 거라고
생각했나요? 아래의 구름 ⑤에 그것을 적어보세요.

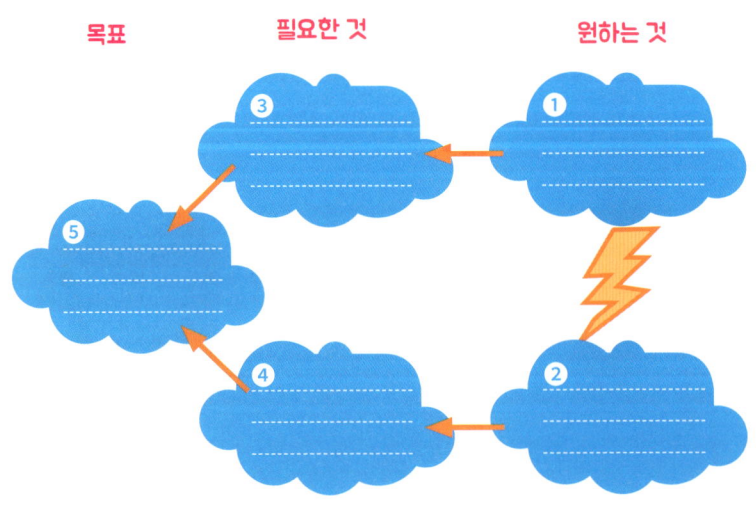

야니는 할아버지와의 대화를 통해서, 어떻게 해야 할지 모르는 고민이 있을 때 잘 결정할 수 있는 방법이 있다는 걸 깨닫게 되었어요. 그것은 무엇인가요?

3. 고민을 해결하려면 무엇을 해야 할까?

네 개의 문제를 풀어서 네 개의 열쇠를 얻어야 여왕을 구할 수 있다!
야니는 혼자서 할 수 없다고 생각해서 친구들을 필요로 하는데…
하지만 친구들이 있으면 야니 스스로 문제를 해결하는 법을 배우는 데 방해가 된다.
야니는 어떻게 고민을 해결할 수 있을까?

　　　　　　　　　　야니는 피리를 불기 시작했어요. 그러자 갑자기 눈앞에 반짝반짝하는 빛이 소용돌이치더니 할아버지가 말했던 요정이 나타났어요. 비단같이 반질반질하고 하얀 머리에, 밝은 초록색 가운을 입은 요정이었어요. 요정이 미소를 지으며 말했어요.

"네가 힘들거나 겁이 날 때 피리를 불면 내가 언제 어디서든 바로 나타날게."

"이렇게 와 주셔서 감사합니다. 저는 지금 외톨이고 도움이 필요해요. 집에 돌아가서 친구들을 데려오고 싶어요."

"넌 할 수 있어. 내가 네 뗏목이 있는 곳으로 가는 길을 가르쳐

줄게."

야니는 요정을 따라서 걸음을 떼다가 멈춰 섰어요. 친구들을 데려오면 외롭지는 않겠지만 친구들은 야니에게 무엇을 하라고 하나하나 알려줄 거예요. 혼자 힘으로 무언가를 하고 싶다면 이제부터 용기를 내야 해요.

'지금 내가 포기한다면, 앞으로 나 스스로 문제를 해결하는 법을 배울 수 없을 거야.'

야니가 따라오지 않는 것을 알아챈 요정이 뒤돌아서서 야니에게 물었어요.

"왜 나를 따라오지 않는 거지? 집에 돌아가고 싶은 게 아니었어?"

"어떻게 해야 할지 모르겠어요. 저는 요정님이 저를 도와줄 거라고 들었어요. 제발 이럴 때 제가 어떻게 해야 할지 좀 알려주세요."

"나는 네가 스스로 너의 문제를 풀 수 있는 길을 보여줄 뿐이야."

요정이 손에 입김을 불어 넣자 두 개의 '구름'이 나타났어요.

구름에는 다음과 같이 쓰여 있었어요.

요정이 손가락으로 '딱' 소리를 내자 두 개의 구름 사이로 번갯불이 번쩍였어요.

"이것이 너의 문제, 바로 너의 마음속에 있는 고민이 맞니?"

"맞아요. 저는 이 둘 중에 어느 쪽을 선택하면 좋을지 알고 싶어요."

"아니, 네가 이 두 가지를 원하고 있지만, 두 가지를 동시에 할 수는 없단다."

요정은 다시 손에 입김을 불어 넣고 하늘을 향해 팔을 뻗었어요. 그러자 아까 보여준 두 개의 구름 왼쪽에 두 개의 빈 구름이 나타났어요.

"네가 집으로 돌아가서 친구를 데려오길 원하는 이유는 뭐지? 만약에 네가 여기에 친구 없이 혼자 있으면 어떤 '필요'가 만족되지 않는 걸까?"

"저는 함께 의논할 사람이 필요해요. 여기 혼자 있으려니 너무 외로워요."

"그러면 돌아가서 친구를 데려오길 원하지 않는 이유는 무엇일까? 다시 말해 네가 친구를 데리고 왔을 때 만족되지 않는 '필요'는 무엇이지?"

"친구들과 함께 있으면, 그 애들은 저에게 무엇을 해야 할지 알려줄 거예요. 하지만 저는 스스로 문제를 해결하는 법을 배울 필요가 있어요."

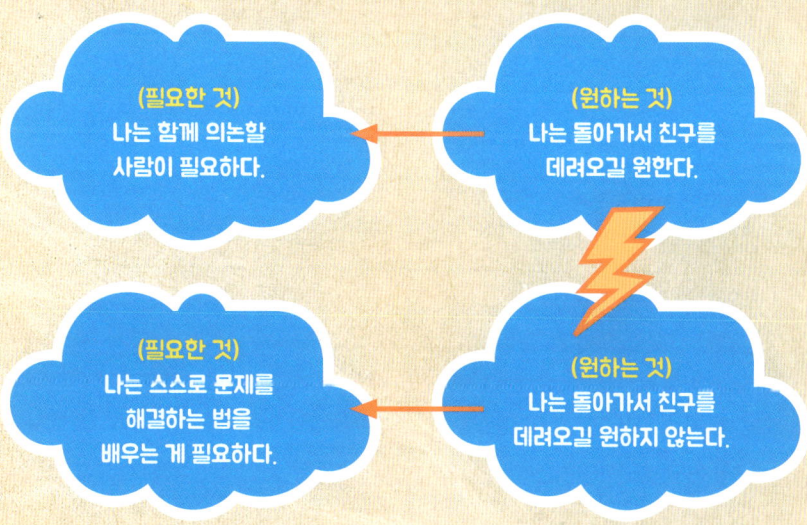

요정이 웃으며 알려주었어요.

"맞아. 이 두 가지는 매우 중요해. 네가 '원하는 것'보다도 더 중요한 거지. 꼭 '필요한 것'이라고 해서 '필요'라고 부른단다."

요정은 손에 입김을 다시 불어 넣었어요. 그러자 두 구름 왼편에 또 다른 구름이 하나 나타났어요.

"야니, 어느 경우에나 '목표'가 있단다. 그것은 두 가지 '필요'가 모두 만족되어야 이룰 수 있어. 너의 경우에는 함께 의논할 사람이 있다는 것, 스스로 문제를 해결하는 법을 배우는 것, 이 두 가지가 모두 만족되어야 목표를 이룰 수 있어."

"아하, 두 가지 필요가 다 만족되면 요안나 여왕님을 구출한다는 저의 목표를 이룰 수 있다는 거군요."

"맞아. 문제를 이렇게 적는 방법을 '구름'이라고 부른단다."

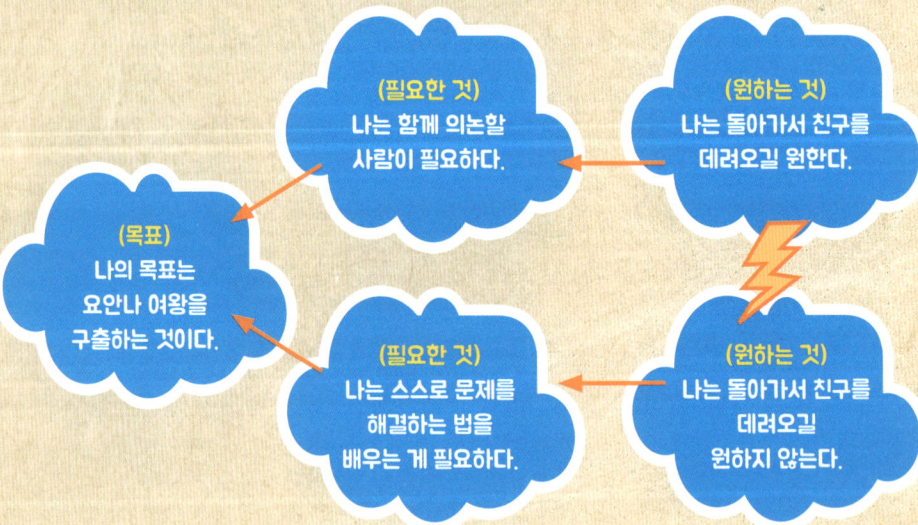

"야니, 지금까지는 네 문제에서 진짜 중요한 점이 무엇인지를 생각하도록 도와주는 첫 번째 단계였어. 다음이 해결책을 찾는 것을 도와주는 단계야. 우선, 함께 네 문제를 읽으면서 그것이 말이 되는지 알아보자꾸나."

고민을 해결하려면 어떻게 해야 할까?

1단계. 내가 가진 문제에서 진짜 중요한 점이 무엇인지 생각하기
2단계. 해결책을 찾기

'구름'을 보고 요정이 다음과 같이 읽었어요.

"네가 요안나 여왕을 구출하려는 목표를 달성하기 위해서는, 너는 함께 의논할 사람이 필요해. 그런데 이건 왜 그런 거야?"

"왜냐하면 제 친구들은 좋은 아이디어가 많고, 아주 무거운 것을 옮기는 일처럼 저 혼자 할 수 없는 것들을 도와주기 때문이

죠. 때로는 다른 사람과 함께 하면 더 쉽기도 해요. 누군가와 함께 있으면 왠지 더 잘 해낼 것 같은 기분이 들어요."

"이해가 되네. 그런데 네 목표를 달성하기 위해서 스스로 문제 해결하는 법을 배울 필요가 있다고 생각하는데, 그것은 왜 그럴까?"

"음… 다른 사람들의 아이디어가 도움이 되긴 해요. 그렇지만 저도 좋은 아이디어를 찾아내는 법을 알 필요가 있어요. 그래야 다른 사람이 뭐라고 한다 해서 제게 중요한 것을 포기하는 일이 없을 테니까요."

"맞는 말이야, 야니. 그리고 너 스스로 문제 해결하는 법을 배우기 위해서는, 돌아가서 친구를 데려오지 않아야만 한다는 거지?"

"때때로 제 친구들은 제 말에 귀 기울이지 않아요. 제 아이디어에 정말 귀 기울여줄 누군가가 옆에 있었으면 좋겠어요. 제 말을 진심으로 들어주면서 저를 도와줄 사람을 구할 수만 있다면 '구름'에 쓰여 있는 '필요'가 모두 만족되겠네요."

야니가 요정을 바라보며 말했어요.

"요정님이 앞으로 저와 함께 계신다면 제가 친구를 데려오기 위해 집에 돌아갈 필요가 없을 거예요."

야니가 '요안나 여왕 구출하기'라는 목표를 이루기 위한 해결책은?

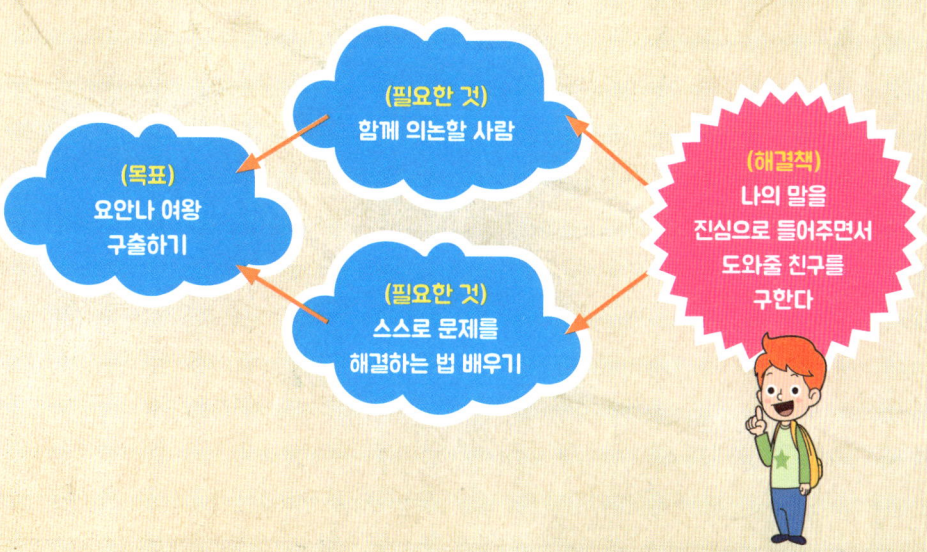

"야니, 나는 네가 어떻게 풀지 모르는 문제를 만나서 내 도움이 필요할 때만 올 수 있어. 너에게 친구가 필요하다는 점을 잘 이해해. 나에게는 도우미들이 많이 있거든. 내가 너에게 도우미를 빌려주면 어떨까?"

"친구를 빌릴 수 있다면, 일에 대해 의논할 수 있겠네요. 하지만 그 친구가 대장처럼 행동하지 않았으면 좋겠어요. 제 동네 친구들은 대부분 대장인 것처럼 굴거든요."

요정이 미소를 지으며 주문을 외웠어요.

"구름안개여, 빛의 소용돌이여, 우리가 이 문제를 올바로 풀 수 있도록 도우소서."

주문이 끝나자 귀뚜라미같이 생긴 작은 벌레가 나타났어요. 요정이 야니에게 그 벌레를 소개하려고 하는데, 갑자기 어디에선가 피리 소리가 들려왔어요.

"나는 이제 가야 해. 귀뚜리야, '구름'을 이용하면 왜 문제를 잘 풀 수 있는지 야니가 잘 이해하도록 도와주렴."

귀뚜리는 야니에게 다가와 인사했어요.

"안녕. 내 이름은 귀뚜리라고 해. 나는 사람들이 스스로 문제를 해결할 수 있도록 도와주고 있지. 야니, 너희 왕국에 있을 때 너는 문제를 어떻게 풀었어?"

"대충 짐작으로 풀거나 아니면 다른 사람이 알려주는 대로 따랐어."

귀뚜리가 다시 물었어요.

"'구름'을 사용하는 것은 어떤 점에서 다른 것 같아?"

야니가 잠시 생각하더니 대답했어요.

"음, '구름'을 사용해 보니 무엇이 진짜 중요한 것인지 생각하게 되었어. 전에는 내가 원하는 것 말고는 생각해 보지 않았거든."

"그것뿐이야?"

"'구름'은 나 스스로 어떻게 할 것인지 생각할 수 있게 도와주었어. 지금까지는 나 스스로 생각해 본 적이 없었거든! 귀뚜리야, '구름'을 사용하면 항상 고민을 해결할 수 있는 거야? 다른 사람과 갈등[2]이 있을 때도?"

귀뚜리가 저 멀리 떨어진 마을을 바라보며 말했어요.

"저기 '이야기 마을'에는 여러 가지 갈등 이야기가 많이 있어. 같이 가서 보자. 그러면 너 스스로 답을 알 수 있을 거야."

둘은 숲을 벗어나 작은 집이 많이 있는 곳을 향해 걸어갔어요. 지붕 모양이 마치 펼쳐진 수첩처럼 보였어요.

---

2. 갈등 : 서로 원하는 것이 달라서 충돌하는 상태.

생각 페이지
내가 '원하는 것'에서 내가 진짜 '필요한 것'을 찾아보기

 야니가 돌아가서 자기 친구들을 데려오기를 원하는 건, 어떤 필요 때문인가요? 아래 ①에 적어보세요.

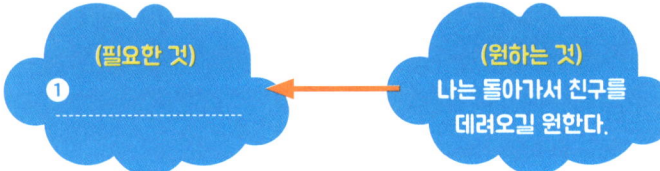

 야니가 돌아가서 자기 친구들을 데려오지 않으려는 건, 어떤 필요 때문인가요? 아래 ②에 적어보세요.

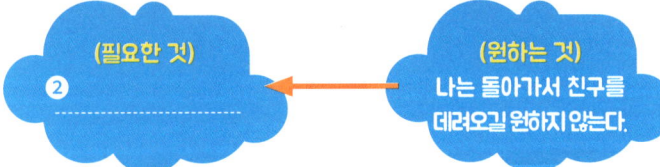

 야니가 요안나 여왕을 구하기 위해 진짜 '필요한 것' 두 가지를 다음 페이지의 ①, ②에 적어보세요.

 요정과의 대화를 통해서 야니는 목표를 이루기 위해 필요한
①, ②를 만족시킬 해결책을 찾았어요.
그것을 별 ③에 적어보세요.

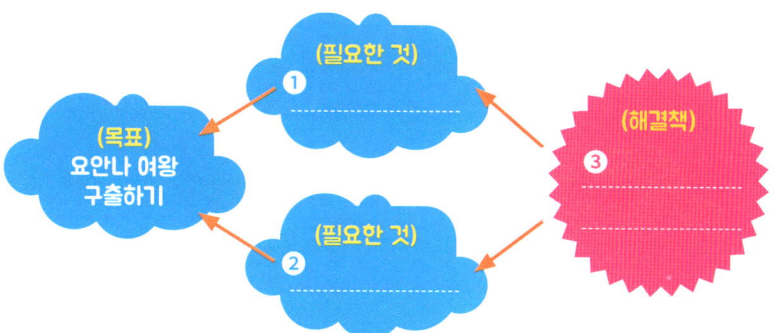

 친구와 사이좋게 지내기 위해서 친구를 자주 만나려고 할 때
내가 진짜 '필요한 것'과 '원하는 것'을 구분해서 말해 보세요.

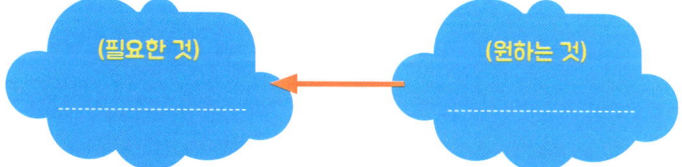

4. 어떻게 해야 할지 모르겠어

귀뚜리와 함께 이야기 마을로 간 야니,
〈벌거벗은 임금님〉과 〈올리버 트위스트〉 이야기를 만난다.
정승이 재단사들의 거짓말을 밝혀낼 방법과,
도둑 소굴에 들어가게 된 올리버가 양심을 지키며 살 수 있는 방법은 무엇일까?

이야기 마을에서 야니가 어느 집에 들어가니 책이 바닥부터 천장까지 가득 차 있었어요. 야니가 귀뚜리를 불렀어요.

"'구름'을 사용하면 다른 사람과의 갈등도 풀 수 있는지 알아보기 위해서 이 책들을 모두 다 읽어야 하는 거야? 나는 책 읽는 게 느려. 그리고 어떤 때는 읽어도 이해를 하지 못할 때도 있어. 이 책들을 다 읽으려면 평생 걸리겠어!"

"내 생각에 너는 배우는 게 빠른 것 같아. 어서 시작해 보자."

귀뚜리는 야니에게 용기를 북돋워 주었어요.

"내가 좋아하는 이야기를 너에게 읽어줄게. 이야기를 이해하는 데 아까 알려준 '구름'이 도움이 되는지 함께 알아볼 수 있을 거야."

귀뚜리는 오래되어 낡고 먼지가 앉은 책을 펼쳐 들고 읽기 시작했어요.

〈벌거벗은 임금님〉　　-한스 크리스티안 안데르센 지음

어느 나라에 무능하고 옷만 좋아하는 사치스러운 왕이 있었습니다. 어느 날 왕 앞에 아름다울 뿐만 아니라 마법을 가진 옷을 만들 수 있다는 두 재단사가 나타났습니다. 재단사들은 이 옷이 무능하거나 멍청한 사람에게는 보이지 않는다고 했습니다. 왕은 '아주 좋아. 신하 중에서 능력도 없이 자리만 차지하고 있는 친구들을 찾아낼 수 있겠네. 또 멍청이들도 가려낼 수 있겠군.'이라고 생각했습니다.

그래서 왕은 그들에게 많은 돈을 주고 옷을 바로 만들라고 했습니다. 며칠

뒤 왕은 재단사들이 옷을 얼마나 만들었는지 궁금해졌습니다. 왕은 충직한 늙은 정승을 보냈습니다. 정승이 가서 보니 아무것도 보이지 않았습니다.

정승은 "하늘이시여 저를 도와주세요!"라며 탄식했습니다. '아무 옷감도 보이지 않다니. 내가 정말 바보란 말인가? 나는 정말 정승 자리에 맞지 않는 걸까? 다른 사람들이 나를 어떻게 여길까?'

귀뚜라미가 책을 덮으면서 야니에게 물었어요.

"이제 정승의 문제를 살펴보자. 그는 어떻게 해야 할까?"

야니와 귀뚜라미는 정승이 '원하는 것'을 생각해 보았어요. 정승은 한편으로는 왕에게 사실대로 말하고 싶었고, 다른 한편으로는 사실대로 말하고 싶지 않았어요.

귀뚜라미는 야니에게 말했어요.

"정승이 그러는 데에는 다 이유가 있을 거야. '원하는 것'에는 어떤 '필요'가 있거든. 너는 그 필요들이 무엇이라고 생각하니?"

"그는 자신이 충직하게 보이기 위해서는 왕에게 사실대로 말해야만 한다고 생각하지. 그런데 왕에게 사실대로 말하면, 왕이 정승을 무능하다고 생각해서 정승 자리에서 쫓아낼 것 같거든.
  충직하게 보이려는 '필요'와 정승 자리에 적합하다고 보이려는 '필요', 이렇게 두 가지 '필요'가 있다고 할 수 있겠네. 그리고 이 두 가지 '필요'가 모두 만족되어야만 그는 행복하고 자부심을 느낄 수 있을 거야. 결국 정승의 '구름'은 이런 모양이겠구나."

〈벌거벗은 임금님〉에서 정승의 마음

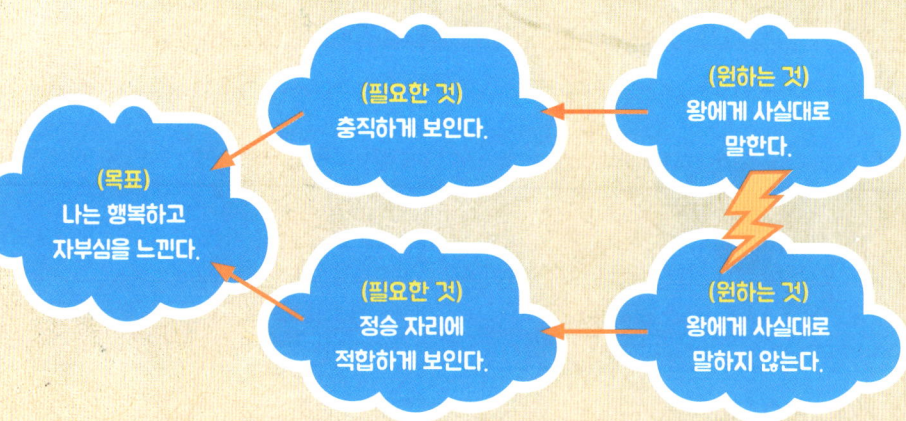

"귀뚜리야, 이 '구름'을 보니 예전에 내가 사람들에게 욕먹지 않으려고 거짓말을 하거나, 듣기 좋은 이야기만 할까 하는 유혹을 느끼던 때가 생각나."
  귀뚜리는 야니가 '구름'으로 잘 정리해낸 것을 칭찬해 준 후 다시 물었어요.

"이렇게 행동의 이유를 생각해 보면 정승의 문제를 푸는 데 도움이 될 거야. 가장 중요한 것은 '필요'들을 만족시키는 거야. 자 이제, '왕에게 충직하게 보이려는 필요'와 '정승 자리에 적합하게 보이려는 필요' 모두를 만족시킬 수 있는 해결책을 생각해 낼 수 있겠어? 정승의 목표를 이룰 수 있는 '해결책' 말이야."

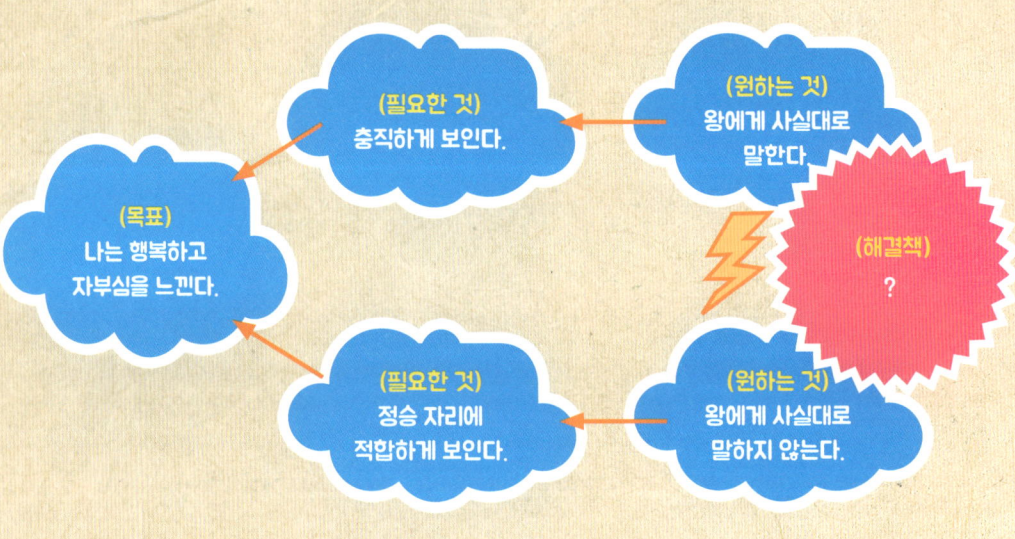

야니는 배낭에서 종이를 꺼내서 적기 시작했어요.
"때로는 해결책의 아이디어를 적어놓으면 도움이 돼."
야니는 자기가 생각해 낸 아이디어들을 적기 시작했어요. 그리고 각각 어떤 결과를 가져올지 하나하나 살펴보았어요.

1. 정승은 자신이 옷감을 보았노라고 왕에게 말한다.

'아냐. 이것은 좋은 아이디어가 될 수 없어. 왜냐하면 사실대로 말하지 않는 사람은 신뢰할 수 없으니까.' 야니는 이렇게 생각하고 바로 이 아이디어에 줄을 그어버렸어요.

2. 정승은 자기 부하에게 옷을 보고 왕에게 말하라고 한다.

야니는 이 아이디어도 좋지 않다고 생각했어요. 왜냐하면 왕은 정승에게 직접 가서 보라고 했기 때문이죠. 잠시 고민하던 야니는 "그래, 이거야!"라고 외치며 이렇게 썼어요.

3. 정승은 재단사들이 직접 옷감이 눈에 보이지 않는다고 말하게 한다.

이것을 본 귀뚜리가 부드러운 미소를 지었어요.

"그거 좋은 아이디어네. 그런데 어떻게 재단사들이 그렇게 말하게 만들 수 있을까? 구체적인 방법을 생각해 볼 수 있겠어?"

머릿속에 여러 가지 생각이 떠오르자 야니는 흥분해서 말했어요.

"좋은 생각이 있어! 정승이 재단사들에게 왕에게 보여줄 옷감 일부를 자기에게 달라고 하고, 다음 날 왕의 행차에 입을 왕의

옷을 짓기 위해 몸 치수를 재러 왕궁으로 오라고 하는 거야.

　재단사가 왕궁에 왔을 때 정승은 내의만 입고 걷는 거지. 그것을 보고 재단사는 웃으며 정승에게 옷을 입으라고 말할 것이고, 그러면 정승은 어제 재단사들이 자기에게 준 옷감을 걸치고 있노라고 말하는 거야. 그러면 왕도 재단사들이 옷감을 보지 못한다는 것을 알게 되는 거지."

귀뚜리의 표정이 점점 밝아지자 야니는 더욱 신이 났어요.

"이 방법은 두 가지 '필요'를 모두 만족시켜. 충직하면서도 정승 자리에 맞게 현명하게 보이는 것 말이야. 와! 정승의 문제를 풀다 보니 마치 내가 동화 속에 있는 것 같아. 그런데 동화도 내 아이디어처럼 끝을 맺는 거야?"

귀뚜리가 고개를 가로저었어요.

"아니. 정승은 자신이 옷감을 본 것처럼 왕에게 거짓말을 했어. 그리고 재단사들은 왕에게 눈에 보이지 않는 옷을 입고 행차에 나가도록 했지. 모든 백성은 옷이 보이지 않았지만 보이는 척했지. 그런데 한 용감한 소년이 그것을 보고 왕이 실제 아무것도 입지 않았다고 소리쳤어. 그러자 그 자리에 있던 모든 사람이 웃음을 터뜨리며 왕을 조롱하기 시작했단다."

귀뚜리의 설명을 들은 야니는 정승의 선택이 너무나 안타까웠어요.

"왕은 정말 화가 나서 백성들로부터 조롱당한 것의 책임을 정승에게 물었겠네. 정승은 자신이 필요로 했던 것을 아무것도 얻지 못하게 되고 말이야. 그런데 나는 내 생각의 결말이 더 좋다고 봐. 내 해결 방법은 정승과 왕 사이의 갈등을 예방하기도 하잖아.

귀뚜리야, 너는 이야기를 불행한 결말로 끝내지 않고 재미있게 쓰는 게 가능하다고 생각해?"

"잘 모르겠어. 다른 이야기들을 더 읽어보면 너 스스로 판단할 수 있을 거야. 여기 어디엔가 많은 문제를 갖고 있던 소년에 관한 이야기책이 있었는데. 어디에 있더라? 아주 두꺼운 책인데…."

귀뚜리가 이렇게 말하고 책장 여기저기를 찾기 시작했죠. 야니는 눈살을 찌푸렸어요.

"책이 두껍다고? 알잖아, 나는 조금 바빠. 긴 이야기를 읽을 시간이 정말 없거든. 책의 일부만 말해 줄 수 있겠니?"

야니는 잠시 머뭇대더니 "지겹지 않은 부분으로….".라고 덧붙였어요.

"이런, 책에는 많은 이야기들이 담겨 있는데… 좋아. 내 생각에 이 부분은 특별히 너에게 재미있을 것 같아. 그러니까 잘 들어봐."

〈올리버 트위스트〉 -찰스 디킨스 지음

올리버는 태어나자마자 고아가 되었습니다. 아홉 살이 될 때까지 그는 보육원에서 힘들게 살았습니다. 공장에서 온종일 일을 했는데 먹을 것은 아주 조금만 받았습니다. 올리버는 더 견딜 수 없어 런던이라는 큰 도시로 도망쳤습니다.

올리버는 대도시에서 홀로 있는 것이 무서워서, 먹고 잘 곳을 약속한 소년 절도단에 들어갔습니다. 처음에 올리버는 그들이 도둑인 줄 몰랐는데 어느 날 올리버에게 지갑을 훔치라고 명령하여 알게 되었습니다.

"어때? 올리버의 문제를 푸는 데 '구름'을 사용할 수 있겠니?"

"'구름'이 많이 필요할 것 같아. 도망갈 것인가, 말 것인가? 도둑질할 것인가, 말 것인가? 절도단에 가입할 것인가, 말 것인가?"

귀뚜리는 흥미로운 것으로 골라보라고 말했고, 야니는 도둑질 문제를 선택했어요. 헤르트 섬의 누군가가 요안나 여왕을 납치한 일 때문에 이 섬에 왔으니 도둑질 문제에 관심이 간 거예요.

"자 그럼 올리버가 '원하는 것', '필요한 것'을 '구름'으로 알아보자."

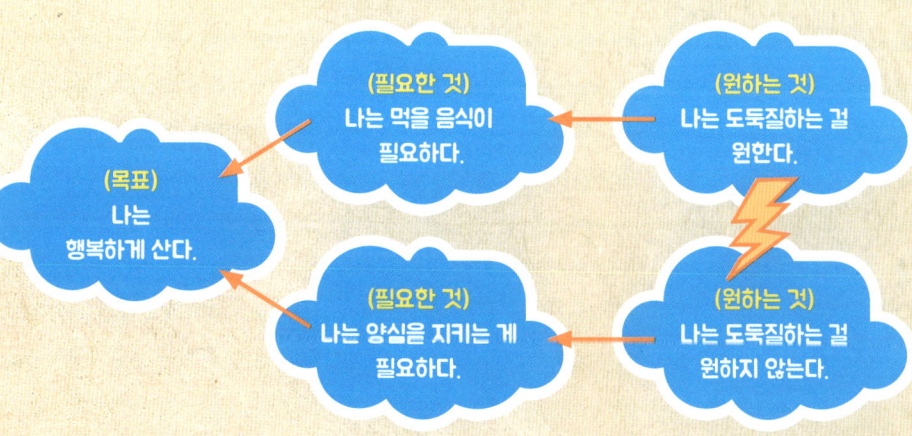

야니는 올리버가 도둑질했을 때 어떤 필요가 만족되지 못할지를 생각해 보았어요.

"올리버가 도둑질하면 양심을 지킬 수 없게 돼. 나도 내가 무엇을 훔친다면 죄책감이 들 거야. 법을 위반하여 큰 어려움에 빠지는 것은 물론이고."

"맞아. 그렇다면 올리버가 이 문제를 풀어 음식도 얻고 양심도 지킬 수 있다면 어떤 목표를 성취할 수 있을까?"

"아마 생존한다 아니면 행복하게 지낸다, 정도가 아닐까? 나는 양심을 버리고 행복하게 살 수는 없을 것 같아. 물론 음식이 없다면 아예 살 수도 없겠지만."

"야니, 올리버가 음식을 얻고 양심도 지킬 수 있는 길이 있을까? 도둑질하는 것이 음식을 얻는 유일한 길일까?"

"물론 아니지! 내가 올리버라면 사람들의 궂은일을 대신해 주고 돈을 벌 거야."

귀뚜리는 올리버의 이야기를 좀 더 해 주었어요. 올리버는 지갑을 훔치지 않았지만, 단원들이 도둑질할 때 옆에 있었기 때문에 체포되어 많은 어려움을 겪게 되었다고 했어요. 야니는 친구들이 잘못하는 것을 내버려 두면 그것 때문에 많은 어려움을 당할 수 있다고 고개를 끄덕였어요.

"맞아. 소설을 보면 문제를 모두 해결하는 데 시간이 오래 걸렸어. 아마 그래서 책이 두꺼워졌을 거야."

"우리의 중요한 의사 결정 문제들과 요안나 여왕님을 구출하려는 내 결정도 모두 이야기책으로 쓸 수 있을 거야. 재미있겠는데."

야니와 귀뚜리는 사이좋게 이야기하면서 이야기 마을을 떠났어요.

생각 페이지
정승과 올리버의 갈등을 해결하는 방법

〈벌거벗은 임금님〉의 정승이 '필요한 것' 두 가지를
구름 ①, ②에 적어보세요.

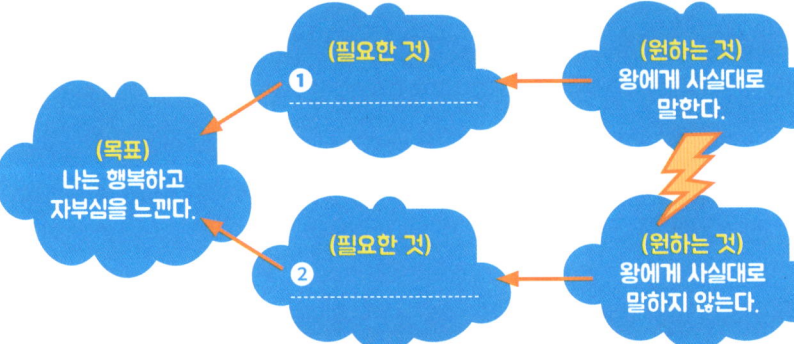

야니가 생각해낸 정승의 '필요' 두 가지를
모두 만족시키기 위한 '해결책'을 별 ③에 적어보세요.

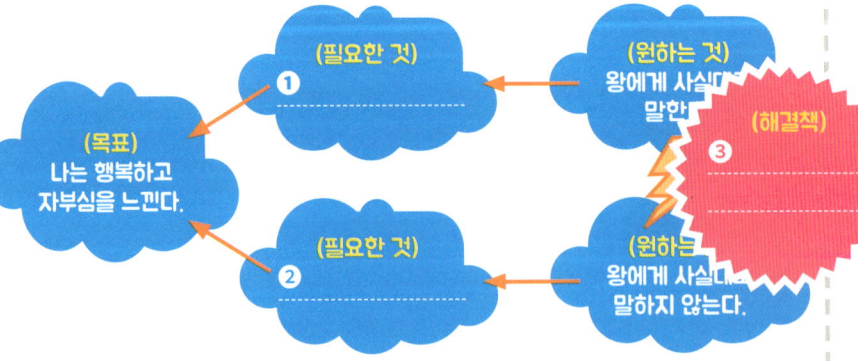

 <올리버 트위스트>의 올리버가 '필요한 것' 두 가지를 구름 ①, ②에 적어보세요.

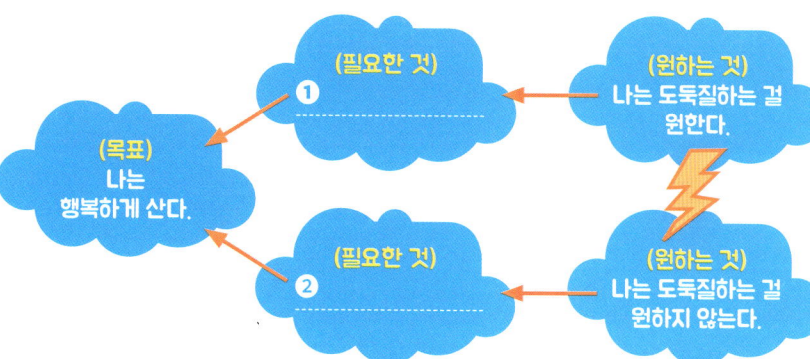

 야니가 생각해낸 올리버의 '필요' 두 가지를 모두 만족시키기 위한 '해결책'을 별 ③에 적어보세요.

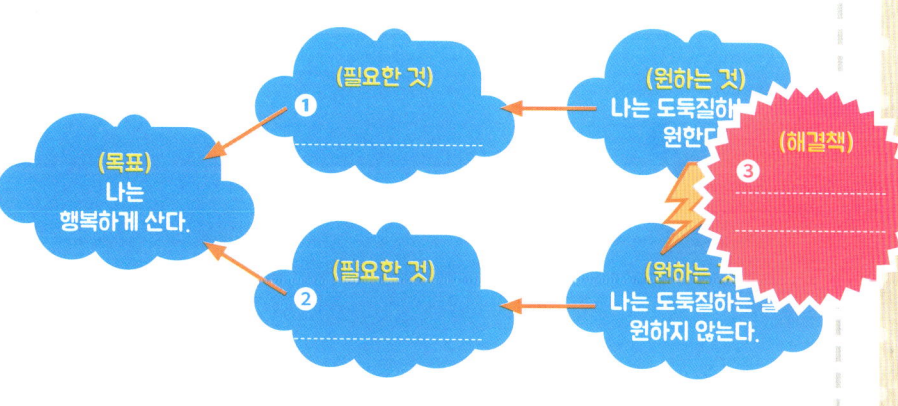

5. 싸우지 않아도 문제를 해결할 수 있다고?

엘프 던카가 모씨의 버섯을 훔쳐간다.
둘은 서로 싸우고 이 모습을 보게 된 야니.
야니는 두 엘프의 싸움을 말리고 문제를 해결할 수 있을까?

야니가 말했어요.

"이제 첫 번째 질문에 대한 답을 어떻게 찾을지 알 것 같아. '진 사람 없이 모두가 이기려면 어떻게 해야 할까?'에 대한 답 말이야. 그런데 그것이 실제 생활에서는 사용할 수 없고, 책 속 이야기에서만 통하면 어떡하지?"

그때 숲에서 고함치는 소리가 들려왔어요. 둘은 무슨 문제인지 알아보려고 달려갔어요.

여러 명의 엘프[3]가 둘러서 있었고, 그 안쪽에서 두 엘프가 싸

---

3. 엘프 : 숲이나 굴 등에 사는 귀가 뾰족하고 마술을 부리는 요정

우고 있었어요. 야니가 무슨 일이냐고 물었어요.

"던카가 모씨의 버섯을 가져갔어. 또 말이야!"

"버섯이라고요? 왜 남의 버섯을 가져갔죠?"

"우린 버섯을 좋아해. 우리가 즐겨 먹는 음식이지."

모씨는 던카가 늘 자기 버섯을 가져간다고 말했고, 던카는 "넌 버섯이 많잖아!"라며 화를 냈어요. 모씨는 황당한 표정으로 그 버섯은 자신의 것이고, 자신은 그걸 키우느라 많은 시간을 썼으며, 누구든 다른 사람의 것을 그냥 가져가서는 안 된다고 말했어요. 두 엘프는 도무지 싸움을 멈출 것 같지 않았어요.

"문제를 풀 때 싸우는 것보다 더 좋은 방법은 없나요?"

야니의 질문에 던카가 발끈해서 "싸우는 게 뭐가 어때서?"라고 외쳤어요.

"그렇지만 우리가 싸울 때 너는 네 멋대로 하잖아. 그것은 공정하지 않아."

모씨가 말했어요. 다른 엘프들은 이 싸움이 끝나지 않으면 어르신들에게 혼날 거라며 걱정했어요. 야니가 미소를 지으며 말했어요.

"제가 이 문제를 해결하는 것을 도와 드릴게요. 구름안개여, 빛의 소용돌이여, 우리가 이 문제를 올바로 풀 수 있도록 도우소서."

야니의 말에 하늘에 '구름'이 나타났어요. 그러자 귀뚜리가 옆에서 끼어들었어요.

"잠깐! 이 문제를 모든 사람 앞에서 풀려고 하는 거야? 아니면 싸우는 당사자 두 사람하고만 조용히 풀려고 하는 거야?"

야니는 잠시 생각했어요. 다른 사람과 문제가 있을 때, 모든 친구가 보고 있으면 자신이라도 싫을 것 같았어요. 야니는 모씨, 던카와 함께 무리에게서 떨어진 곳으로 자리를 옮겼어요. 그리고 야니는 두 엘프에게 물었어요.

"모씨님, '원하는 것'이 무엇이죠?"

"나는 던카가 내 버섯을 돌려주길 원해."

"좋아요. 던카님은 '원하는 것'이 무엇이죠?"

"나는 버섯을 가졌으면 해. 모씨는 버섯이 많이 있어."

야니는 모씨와 던카가 각각 원하는 것을 '구름' 안에 적었어요.

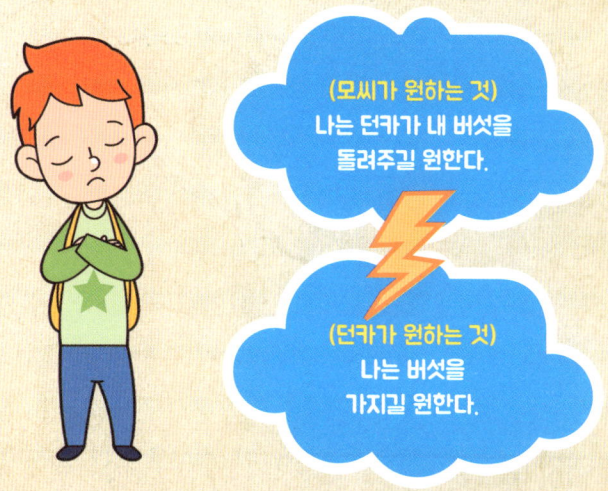

"모씨님, 왜 버섯을 돌려받을 '필요'가 있는 거죠? 던카님이 버섯을 갖고 있으면 어떤 점이 안 좋은가요?"

"내 버섯이니까. 당연히 돌려받아야 공정한 거지."

"던카님, 어떠세요? 왜 버섯을 계속 갖고 있을 필요가 있죠? 모씨님에게 버섯을 돌려주면 어떤 점이 안 좋은 거예요?"

"음… 버섯을 먹지 못하게 될 뿐 아니라, 내가 그것을 돌려주면 다른 엘프들이 나를 비웃을 테니 당황스러울 것 같아."

"그러니까 모씨님은 자신이 공정하게 대접받았으면 하는 '필요'가 있고, 던카님은 당황스럽지 않아야 할 '필요'가 있는 거군요."

모씨와 던카 모두 그것이 자신들의 '필요'라고 인정했어요. 야니는 '구름' 안에 이 '필요'들을 적었어요.

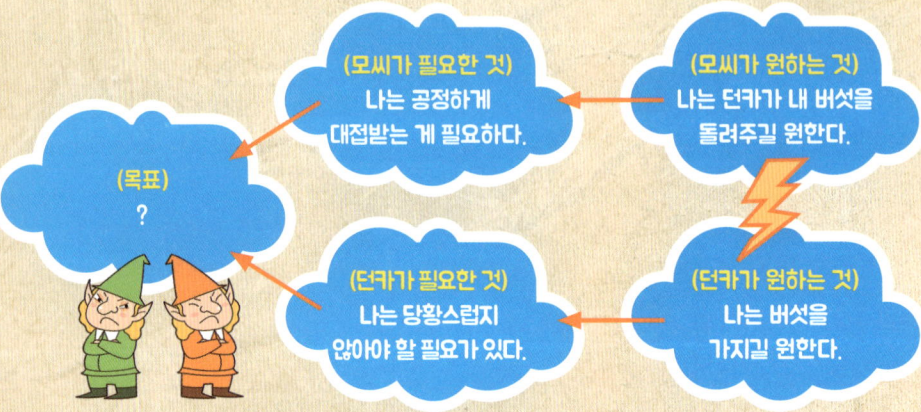

"모씨님이 공정하게 대접받고 던카님이 당황스럽지 않게 된다면, 두 분은 무엇을 얻게 되나요?"

"우리는 서로 싸우지 않고 문제를 일으키지 않겠지."

모씨와 던카가 함께 대답하자 야니는 '구름'을 완성할 수 있었어요.

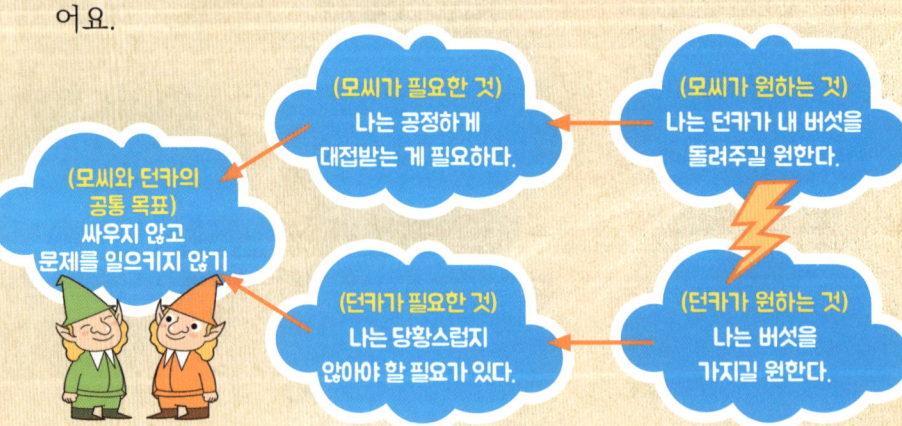

"모씨님이 공정하게 대접받고 동시에 던카님이 당황스럽지 않게 될 방법이 뭘까요?"

"내가 모씨의 버섯을 갖고 그 대신에 내 것을 주면 어떨까? 나는 버섯을 재배하지 못하지만 달팽이 잡는 것은 세상에서 제일가는 전문가거든. 모씨, 버섯과 달팽이를 교환하면 어떨까?"

"오호~ 괜찮을 것 같은데. 당신이 버섯을 훔쳐 가지 않고 내 생각을 물어본다는 점이 마음에 들어. 더욱이 버섯을 주는 대가로 내가 무언가를 얻을 수 있는 것도 좋아."

모씨가 잠시 생각하더니 말을 덧붙였어요.

"그런데 당신이 달팽이를 충분히 잡지 못하면 어떡하지?"

"음, 나도 몰라. 때로는 달팽이가 잡히지 않기도 하거든."

"던카, 내게 좋은 아이디어가 있어. 버섯 기르는 법을 배우면 어떨까?"

"그래? 그것참 멋진 생각이다!"

던카와 모씨의 대화를 지켜보던 야니와 귀뚜리의 얼굴에 미소가 번졌어요.

"여러분, 알아차렸나요? 두 분은 이제 더 이상 싸우지 않고 있어요."

귀뚜리의 말에 던카와 모씨가 놀란 모습으로 서로 쳐다봤고, 귀뚜리는 다시 물었어요.

"누가 이겼죠?"

"내가 이겼지!"

던카와 모씨가 동시에 외쳤어요. 두 엘프의 모습을 보면서 야니는 비로소 요안나 여왕을 구하기 위해 풀어야 할 네 가지 질문 중 첫 번째 질문의 답을 알 수 있었어요.

"아무도 진 사람이 없다? 와, 진짜 윈-윈[4]이네! '구름'이 진짜 쓸모 있네. 귀뚜리야, 나는 첫 번째 질문에 대한 답을 찾았어! '구름'을 이용해 각자의 필요를 만족시킬 수 있는 '해결책'을 찾는다면, 승자만 있고 패자는 없게 할 수 있어."

귀뚜리가 미소를 지으며 고개를 끄덕였고, 야니를 자랑스럽게

---

4. 윈-윈(win-win) : 양쪽에 모두 도움이 되고 아무도 손해를 보지 않는다는 뜻.

바라보면서 열쇠 하나를 건넸어요. 야니가 드디어 첫 열쇠를 얻은 거예요! 야니는 뛸 듯이 기뻤어요.

"귀뚜리, 고마워! 자 여기에서 떠나자. 다음번 답을 찾아야 해."

야니는 이제 목표를 향해 걸어가고 있는 거예요.

"나는 두 번째 열쇠도 빨리 얻고 싶어."

귀뚜리는 야니가 앞으로도 배워야 할 것이 많다는 것을 알고 있어요. 그렇지만 반짝이는 야니의 눈빛을 보면서 잘 해낼 거라는 기대감이 들었어요. 귀뚜리는 성큼성큼 걸어가는 야니의 뒤를 따라갔어요.

생각 페이지
친구와 다투지 않고 문제 해결하는 방법을 찾아보기

- 엘프 모씨와 던카가 각각 '원하는 것'을 구름 ①과 ②에 적어보세요.

- 엘프 모씨와 던카가 각각 '필요한 것'을 구름 ③과 ④에 적어보세요.

- 엘프 모씨와 던카가 각각의 '필요'를 이루게 되면 두 엘프는 어떤 '목표'를 달성하게 되는지 구름 ⑤에 적어보세요.

- 엘프 모씨와 던카가 각각의 '필요'를 모두 이루기 위한 '해결책' 두 가지를 별 ⑥에 적어보세요.

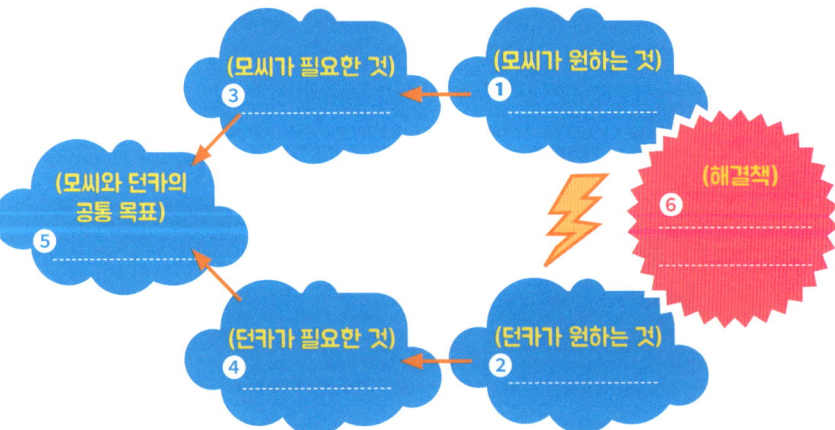

 야니는 '진 사람 없이 모두가 이기려면 어떻게 해야 할까?'라는 첫 번째 질문에 대해 어떠한 깨달음을 얻게 되었나요?

_____

_____

_____

나는 친구와 함께 방과 후에 운동장에서 축구를 했습니다. 그런데 친구는 미세먼지가 심하니 안전을 위해 오늘 하루 축구를 쉬자고 합니다. 나는 축구를 하는 것이 너무 재미있어 오늘도 친구와 축구를 하고 싶습니다.
내가 '원하는 것'과 '필요한 것'은 무엇이고, 친구가 '원하는 것'과 '필요한 것'은 무엇인가요? 나와 친구 사이의 '공통 목표'는 무엇이라고 할 수 있을까요? 그리고 서로가 만족하는 '해결책'도 찾아보세요.

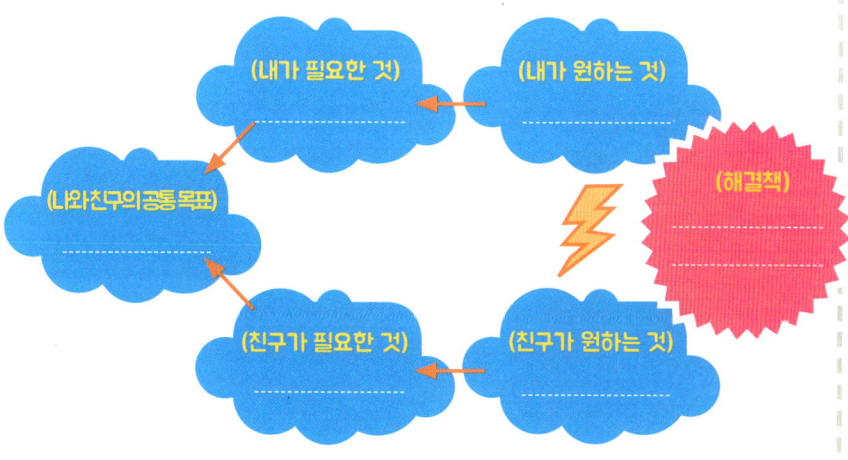

2장

소원을 이루려면 어떻게 해야 할까?

 THE STORY OF YANI'S GOAL

6. 만만치 않은 목표를 어떻게 이룰까?

귀뚜리와 함께 모험을 계속하던 야니.
갑자기 길이 끊어지고 협곡이 나타난다!
과연 야니는 협곡을 무사히 건널 수 있을까?

'구름'을 이용하여 문제를 풀 수 있다는 것을 배우고 나서, 야니는 요안나 여왕을 구출하기 위해 모험을 계속하고 싶어졌어요. 야니는 귀뚜리에게 받은 첫 번째 열쇠를 주머니에 넣고, 귀뚜리와 함께 숲을 벗어나기 위해 걸어갔어요. 그런데 길을 따라 숲의 끝에 이르렀을 때 큰 협곡[5]이 나타났어요. 그곳을 건너야만 길을 계속해서 갈 수 있는데 도무지 협곡을 건널 방법을 알 수 없었어요.

'결국 여왕님을 구출하지 못하게 되는 걸까?'

---

5. 협곡 : 경사가 급하고 폭이 좁은 골짜기

야니는 일이 잘 풀린다고 생각하고 있었는데, 갑자기 새로운 문제에 부딪힌 거예요. 주위를 살펴보니 협곡을 건너는 다리가 망가진 상태였어요.

"귀뚜리, 이제 우리는 어떻게 해야 할까?"

"야니, 미안하지만 나는 이 문제를 풀 방법을 모르겠어."

"요정님을 부르면 어때? 그런데 요정님이 오실까?"

"요정님은 네가 어떻게 풀어야 할지 모르는 문제를 만나면 항상 도와주시겠다고 하지 않았어?"

그 말에 야니는 힘이 났고 주머니에서 피리를 꺼내 불었어요. 그러자 요정이 나타났어요.

"요정님, 이 협곡의 건너편으로 가야 하는데 어떻게 해야 할지 모르겠어요."

"음, '야심찬 목표'로구나! 너에게 도우미가 더 필요하겠어."

요정이 큰소리로 외쳤어요.

"모겜과 마겟 두 도우미 요정아, 우리가 이 '야심찬 목표'를 이룰 수 있도록 도와줘."

두 명의 젊은 요정이 칠판을 들고 나타났어요. 칠판 위에는 '걸림돌'과 '디딤돌'이라고 쓰여 있고, 두 단어 위에는 '협곡을 건너기'라고 적혀 있었어요. 그것은 야니가 성취해야 하는 '야심찬 목표'예요. 요정이 야니에게 말했어요.

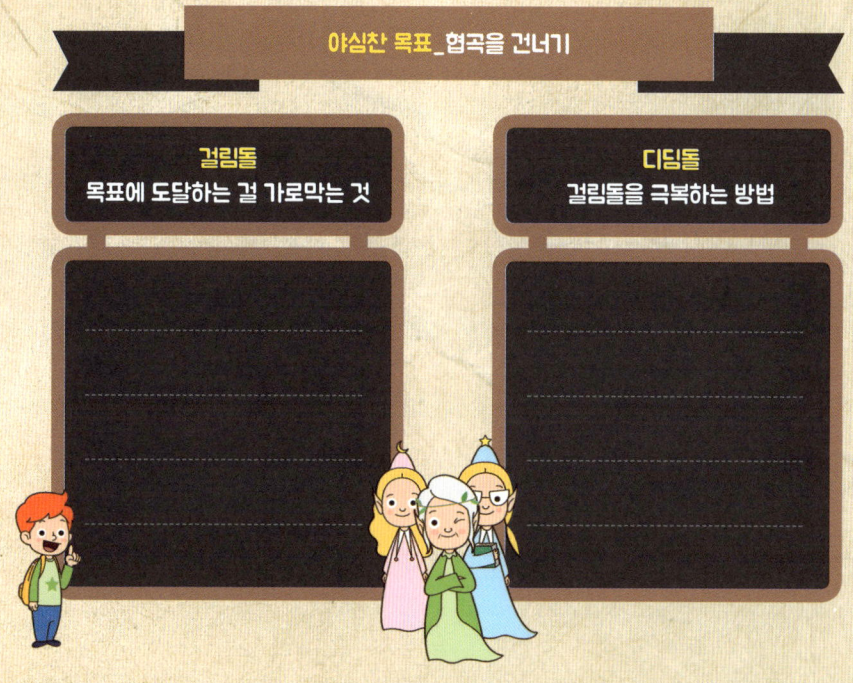

"야니야, '야심찬 목표나무'를 통해 네 문제를 해결해보자. 너에게는 극복해야 할 '걸림돌'이 있는 것 같아. 즉, 네가 협곡을 건너지 못하도록 가로막는 것 말이야. 그게 뭐라고 생각하니?"

"글쎄요. 저는 날거나 건너뛸 수 없어요. 그리고 협곡을 건널 다리가 없어요. 귀뚜리는 내게 도움이 되기에 너무 작아요…."

"잠깐! 이것들을 모검이 들고 있는 '걸림돌' 칠판에 하나씩 써 보자."

요정은 야니의 말을 다 적은 후 다시 물었어요.

"그렇다면 이러한 '걸림돌'을 극복하기 위해서는 무엇이 있어야 할까? 아니면 무엇을 해야 할까?"

야니는 곰곰이 생각해 보았어요.

"저는 멀리 날거나 뛰지 못하니, 건널 수 있는 다른 길을 찾아야만 해요. 협곡을 건널 다리가 없으니, 다리를 만들면 되겠네요. 그런데 저에게는 다리를 만드는 데 쓸 재료가 없어요. 이건 새로운 걸림돌이네요. 그러니 저는 다리를 만들 수 있을 만한 재료들을 찾아봐야겠어요. 귀뚜리가 제게 도움이 되기에 너무 작으니 저를 도와줄 누군가를 찾아야겠네요."

모겸은 야니가 새로 찾은 '다리를 만드는 데 쓸 재료가 없다.'는 걸림돌을 재빨리 걸림돌 목록에 적어 넣었어요. 마겟은 야니가 말한 내용을 '디딤돌' 칠판에 적어주었어요.

"이러한 아이디어들이 바로 네가 목표에 이르도록 하는 '디딤돌'이란다."

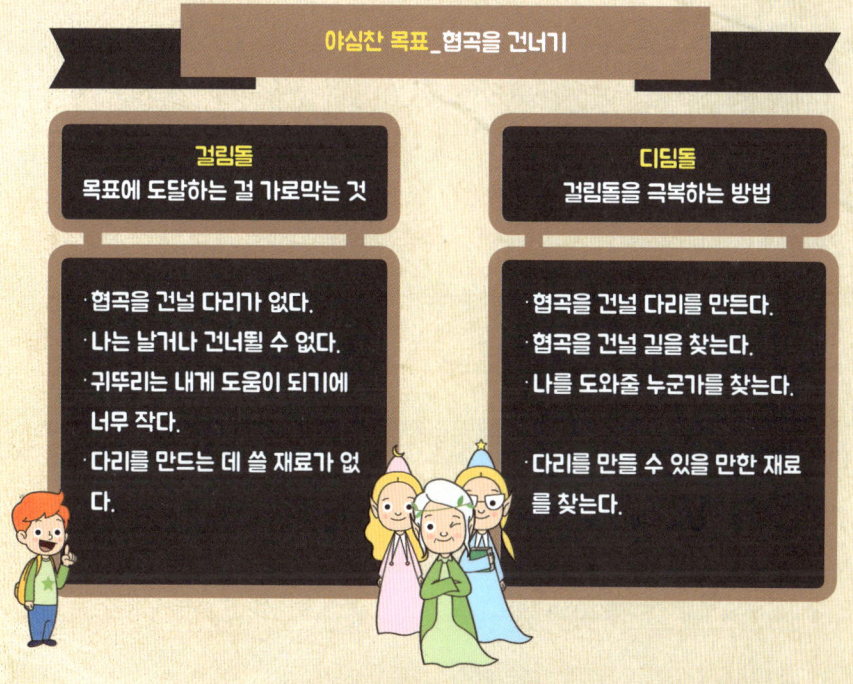

요정은 잘 정리했다고 말해 주면서 여러 가지 '디딤돌' 중 어떤 걸 먼저 하는 게 좋을지 야니에게 물었어요.

"협곡을 건널 다리를 만드는 거요."

"그래? 그런데 그것을 혼자 하는 게 좋을까? 아니면 다른 사람의 도움을 받으며 하는 게 좋을까?"

"다른 사람의 도움을 받으면 좋을 것 같아요. 우선 나를 도와줄 누군가를 찾아야겠네요. 그리고 다리를 만들 수 있을 만한 재료를 찾고, 그 뒤에 다리를 만들면 건너편에 다다를 수 있는 길이 생기게 되네요."

요정은 야니에게 마겟의 칠판으로 가서 '디딤돌'을 순서대로 배치해 보라고 했어요.

"좋아. 네 디딤돌들이 순서대로 정리되었어. 이제는 머리를 쓰고 생각을 잘해서 주변에 무엇이 있는지 찾아봐."

야니가 마겟의 '디딤돌' 칠판을 살펴보며 곰곰이 생각했어요.

"모검 도우미 요정님, 제가 저 언덕에 올라가 통나무나 아니면 다리를 만드는 데 도움이 되는 무언가를 찾는 것을 도와줄 수 있으세요?"

"물론이지."

야니와 모검은 함께 언덕으로 올라갔고 다리로 사용하기에 적당한, 길고 두툼한 통나무를 발견했어요.

"아, 여기 하나 있어요. 이 통나무를 밀어서 언덕 아래로 보내면 되겠네요."

야니는 모검과 힘을 합쳐서 통나무를 밀어서 언덕 아래의 협곡 앞까지 가져갔어요. 하지만 통나무가 협곡을 가로질러 놓이게 해야 하는데, 어떻게 해야 할지 몰랐어요. 그때 귀뚜리에게 좋은 생각이 떠올랐어요.

"통나무를 조심스럽게 세우면 어떨까? 통나무를 저 큰 바위에 기대어 놓은 다음에 바위에 올라가서 통나무를 힘껏 밀치는 거야. 그러면 통나무가 협곡을 가로질러 걸치게 될 거야."

모두가 귀뚜리의 아이디어가 문제를 해결하는 좋은 방법이라고 생각했어요. 그들은 귀뚜리의 아이디어대로 해서 마침내 협곡을 건너는 데 성공했어요!

야니가 외쳤어요.

"우리는 모든 이의 말을 경청해야 해요. 아무리 작은 이의 목소리라고 하더라도요! 고마워, 귀뚜리."

"야니, 너의 목표를 달성한 것을 축하해. 너는 네가 성공한 이유가 무엇이라고 생각하니?"

요정의 질문에 야니가 잠시 생각한 후 말했어요.

"예, 계획을 세울 때 우선 문제를 잘게 쪼개보았어요. 그래서 한 단계 한 단계 풀 수 있었죠."

야니는 주변에 있는 도우미 요정들과 귀뚜리를 바라보며 다시 말을 이었어요.

"다른 이들로부터 도움과 아이디어를 받아들이는 것도 중요해요. 여러분 모두 감사합니다. 이제 저는 다음에 어디로 갈지를 결정해야 해요."

생각 페이지
'걸림돌'을 찾고 '디딤돌'로 극복하기

 야니가 협곡을 건너는 것을 가로막는 '걸림돌'은 무엇인가요?

걸림돌
목표에 도달하는 걸 가로막는 것

 야니가 협곡을 건너기 위해서 위의 걸림돌들을 어떻게 극복할 수 있었나요? 극복하는데 필요한 '디딤돌' 네 가지를 순서대로 적어보세요.

디딤돌
걸림돌을 극복하는 방법

4.
3.
2.
1.

야니가 '협곡을 건너기'라는 목표를 달성할 수 있었던 두 가지 이유는 무엇일까요?

만만치 않은 목표를 만나 힘들었던 적이 있었나요? 그때 어떻게 했으면 좋았을까요? 그렇게 했다면 어떤 결과가 나타났을까요?

7. '스스로 생각하는 법'을 배우고 싶어

야니와 함께하던 귀뚜리가
이제부터 같이 갈 수 없다고 선언한다!
야니 혼자서도 모든 일을 잘 생각해서 결정할 수 있을까?

야니가 둘러보니 길이 여러 갈래로 나 있었어요.

"어떤 길이 가장 좋을까요?"

"그것은 네가 필요한 것이 무엇인지에 달렸단다. 여기에 지도가 있으니 네가 정해라."

요정의 말에 야니가 지도를 보았어요. 그런데 그것은 야니가 한 번도 본 적이 없는 것이었어요.

"저는 이 지도를 어떻게 읽어야 하는지 모르겠어요. 요안나 여왕님을 구출하기 위해 우리 왕국이 필요로 하는 답들을 귀뚜리와 저는 찾아야만 해요. 그런데 어디서 그것들을 찾아야 할지 모르겠어요.”

요정이 잠시 머뭇거리더니 야니에게 슬픈 소식을 전했어요.

"음, 이제 네가 진짜 '야심찬 목표'를 만났구나. 그런데 말이야… 귀뚜리는 이제 너와 함께 가지 않을 거야.”

"그래, 지금 나는 '이야기 마을'로 돌아가야 해.”

야니는 깜짝 놀랐어요. 귀뚜리 없이 혼자 가는 걸 생각해 본 적이 없었으니까요.

"뭐라고? 말도 안 돼! 너는 나랑 가야지. 나 혼자만으로는 답을 찾을 수 없어. 그리고 너는 나랑 같이 우리 왕국에 가서 답을 가르쳐주었으면 좋겠어. 그러면 내 친구들도 내가 지금 배우고 있는 것을 사용할 수 있게 될 거야.”

"왜 네가 직접 가르치면 안 되는 거야?”

"그 친구들은 절대 내 말을 듣지 않아. 우리 왕국에서 내가 문제를 풀 수 있다고 생각하는 사람은 아무도 없거든. 내가 가르치더라도 아무도 배우려 하지 않을 거야.”

그러자 요정이 다시 물었어요.

"야니, 너는 네 목표에 '걸림돌'이 있다고 해서 그냥 포기하는 거야?”

"저는 그것들을 어떻게 해야 극복할 수 있는지 잘 모르겠어요."

"그렇구나. 그럼 모검과 마겟에게 네가 '야심찬 목표'를 이룰 수 있도록 도와주라고 할게."

모검과 마겟은 각각 칠판을 들고 야니 앞에 섰어요. 먼저 모검이 야니에게 목표가 정확하게 무엇이냐고 물었어요.

"음, 지금 가장 중요한 것은 요안나 여왕님을 구출하는 거예요."

"그런데 네 길을 막고 있는 것이 무엇이지?"

"너무 많은데요."

"구체적으로 어떤 것들이 있을까?"

모검은 풀이 죽어서 시무룩해진 야니를 따뜻하게 바라보았어요.

"저는 네 가지 질문 중 하나만 해결했고, 나머지 질문 세 개에 대한 답을 몰라요. 어떤 길로 가야 할지도 모르겠고요. 귀뚜리는 떠날 거고 그러면 저를 도와줄 사람은 아무도 없어요."

야니는 이러한 내용을 모두 칠판에 적었어요.

"이게 전부야? 확실해?"

요정의 질문에 야니는 좀 더 생각해 보았어요.

"음, 우리가 무언가 처음 할 때 모든 '걸림돌'을 미리 다 알고 있기는 어렵죠."

"그게 바로 또 다른 걸림돌이군."

모겸은 '걸림돌' 칠판 맨 밑에 '나는 모든 걸림돌을 다 알지 못한다.'라고 적었어요.

"자, 이제 내 칠판에 '디딤돌'들을 써 봐."

마젯의 말에 야니는 생각을 한 뒤에 '디딤돌' 칠판에 '디딤돌'들을 적었어요.

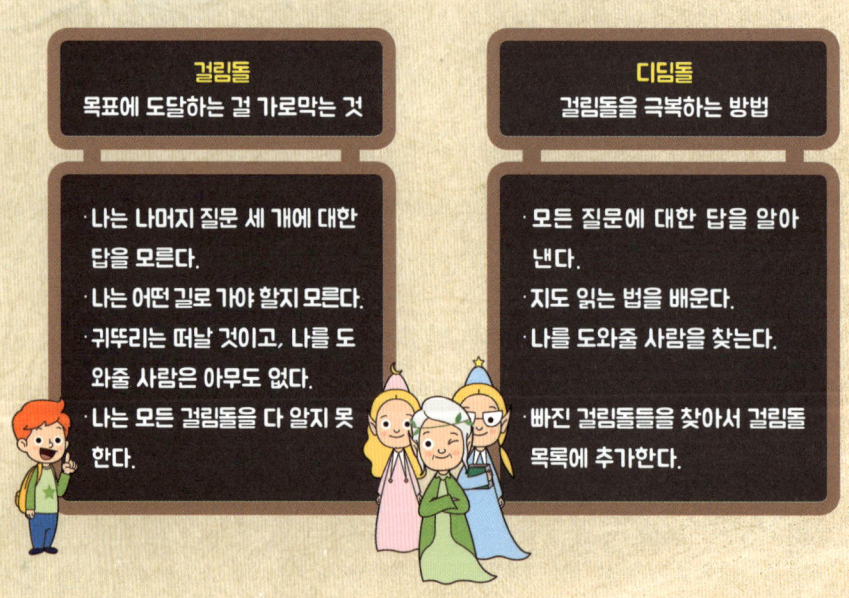

"이 디딤돌 중 어떤 걸 먼저 해야 좋을지 알 수 있도록 순서를 정하는 게 좋겠어요."

야심찬 목표 _ 요안나 여왕을 구출한다

걸림돌	디딤돌
목표에 도달하는 걸 가로막는 것	걸림돌을 극복하는 방법
· 나는 나머지 질문 세 개에 대한 답을 모른다. · 나는 어떤 길로 가야 할지 모른다. · 귀뚜리는 떠날 것이고, 나를 도와줄 사람은 아무도 없다. · 나는 모든 걸림돌을 다 알지 못한다.	4. 모든 질문에 대한 답을 알아낸다. 3. 빠진 걸림돌을 찾아서 걸림돌 목록에 추가한다. 2. 지도 읽는 법을 배운다. 1. 나를 도와줄 사람을 찾는다.

야니는 디딤돌의 순서를 정한 뒤에 소리 내어 읽었어요.

"가장 먼저, 나를 도와줄 사람을 찾는다. 그리고 지도 읽는 법을 배운다. 그러고 나서 빠진 걸림돌을 찾아 걸림돌 목록에 추가한다. 그리고 모든 질문에 대한 답을 알아낸다."

"멋지구나! 야니야, 너는 스스로 문제를 푸는 법을 배워가고 있구나. 이제 내가 떠나야 할 시간이야."

야니의 모습을 지켜보던 귀뚜리가 말했어요. 그 말을 들은 야니는 슬퍼졌어요.

"귀뚜리, 다음에 언제 다시 볼 수 있을까? 너는 정말 내 말에 귀 기울여줬고, 내가 스스로 문제를 풀 수 있다고 믿어준 유일한 친구야."

"야니, 우리는 영원한 친구야. 나는 언젠가 우리가 다시 만날 거라고 확신해. 이제 네가 스스로 결정하는 법을 아니까, 아마 나중에 나를 만나러 다시 돌아올지도 모르지."

귀뚜리는 야니에게 작별 인사를 건네고, 그들이 '야심찬 목표 나무' 도구를 사용해서 함께 만들었던 다리 위를 천천히 건너갔어요. 요정은 야니에게 자신도 떠나야 한다고 알려주었어요.

"잠깐만요! 저는 아직 헤매고 있어요. 제가 올바른 길로 가고 있다는 걸 어떻게 알 수 있죠?"

야니는 너무 두려웠지만, 요정은 부드러운 미소를 지으며 야니를 바라보았어요.

"어디로 가고 있든지 간에 스스로 생각하는 법을 알면 절대로 헤매지 않을 거야. 필요할 때 모검과 마겟이 너를 도와줄 거야."

요정은 손을 흔들어 인사하면서 사라졌어요.

귀뚜리와 요정이 떠나자 야니는 마음이 허전했어요. 앞으로도 잘 해낼 수 있을까 불안하기도 했지요. 하지만 여기서 멈출 수는 없으니 마음을 단단히 먹어야 해요.

그런 야니에게 마겟이 다가갔어요.

"야니, 네가 어디로 가고 있는지에 대해 생각하는 법을 조금 더 연습하면 좋을 것 같아. 우리는 너를 '생각 마을'로 데려다줄 수 있어. 거기에서 지도 읽는 법을 알아낼 수 있을 거야."

"그거 지루한 거죠? 저는 지리 과목을 싫어하거든요! 누군가 저한테 어디로 가고 있는지를 그냥 말해 주면 좋겠어요."

"누가 네 생각을 대신해 주길 원하는 거야? 아니면 너 스스로 생각하는 법을 배우고 싶은 거야?"

야니는 가만히 생각해 보았어요.

"종종 저는 두 가지를 다 원해요. 그러나 제가 여기에 온 것은 스스로 생각하는 법을 배우기 위해서였어요. 그래야만 제가 요안나 여왕님을 구출할 수 있거든요. 어쩌면 지도 사용하는 법을 배우는 것이 그렇게 지루하지 않을 수도 있을 거예요. 제가 목표를 이루려면 그것을 해야 한다고 저 자신에게 계속 되새기죠, 뭐. 그러면 지루하지 않겠죠."

"재미있게 배우는 또 다른 방법은 이야기를 통해 배우는 거란다."

모검과 마겟, 야니는 언덕에서 아래를 내려다보았어요. 마치 '소원 비는 우물'처럼 생긴 오두막집이 많이 보였어요. 바로 '생각 마을'이었어요.

생각 페이지
'야심찬 목표나무' 생각도구를 이용해 스스로 생각해 보기

 야니가 협곡을 건넌 후 '요안나 여왕을 구출한다'라는 목표를 이루는 데 방해가 된다고 생각한 '걸림돌'은 무엇이었나요? 아래 '야심찬 목표나무' 그림에서 걸림돌을 적어보세요.

 이러한 걸림돌들을 극복하는 데 필요한 '디딤돌'은 무엇이었나요? 아래 '야심찬 목표나무' 그림에서 디딤돌을 적어보세요. 이때 디딤돌을 먼저 해야 할 순서대로 적어보세요.

야심찬 목표_요안나 여왕을 구출한다

걸림돌 목표에 도달하는 걸 가로막는 것	디딤돌 걸림돌을 극복하는 방법
• • 	4. 3. 2. 1.

 야니가 모검과 마겟 도우미 요정들에게
꼭 배우고 싶다고 말한 것은 무엇인가요?

 영희는 장래 희망이 '연기를 잘하는 배우가 되는 것'이에요.
여러분이 영희라면 어떻게 목표를 달성할까요?
'야심찬 목표'와 '걸림돌', '디딤돌'을 사용해서 말해 보세요

야심찬 목표_연기를 잘하는 배우가 되기

걸림돌 목표에 도달하는 걸 가로막는 것	디딤돌 걸림돌을 극복하는 방법
• • •	• • • •

2장. 소원을 이루려면 어떻게 해야 할까?

8. 친구하고 놀고 싶은데, 먼저 방 청소를 해야 해

야니는 '생각 마을'에서 〈샐쭉이 샐리〉 이야기를 만난다.
엄마는 방을 치우라고 야단치지만
샐리는 친구와 신나게 놀고 싶기만 한데…
샐리는 과연 자신의 문제를 해결할 수 있을까?

야니는 첫 번째 오두막집에 들어갔어요. 〈샐쭉이 샐리〉라는 책이 눈에 들어왔어요. 책 표지에는 많은 장난감이 어지럽게 널려 있는 방이 그려져 있었어요. 야니는 책 내용이 무엇일까 궁금했어요.

〈샐쭉이 샐리〉   -체릴 에드워즈 지음, 국제TOCfE협회

샐쭉이 샐리보다 더 집안일을 하기 싫어하는 사람은 없었습니다. 샐리 방을 치우는 것은 쓰레기를 버리러 나가는 것보다 더 끔찍한 일이었습니다. 샐리는 친구 핼리와 수영이나 소프트볼

시합을 하고 싶었습니다. 아니면 해적선에서 해적 놀이하는 것을 좋아했습니다.

이런, 샐리 엄마가 샐리 방에 들어왔습니다. 큰일 났습니다. 방이 엉망입니다. 장난감이 여기저기 널브러져 있고, 침대는 흐트러져 있고, 새로 산 드레스는 방구석에 처박혀 있습니다. 샐리는 청소를 제대로 하고 싶긴 하지만, 너무 많아 금세 끝날 것 같지 않습니다. 어디부터 시작해야 할지 모르겠습니다. 엄마가 한마디 합니다.

"네가 네 방을 청소했으면 좋겠어. 투덜대지 말고 말이야. 이번에는 어떻게 할지 생각해서 바로 해라. 쓸데없이 미루지 말고!"

얼마나 무섭게 들리는지! 샐리는 핼리와 당장 놀고 싶은데 방

<u>청소도 바로 해야만 합니다. 그런데 샐리는 어디부터 시작해야 할지 계획이 없습니다.</u>

이 문제를 본 야니는 협곡을 건너야만 했을 때 한 일들이 생각 났어요. 어디부터 시작해야 할지 모르겠고 또 일이 너무 어렵게 보여서 귀뚜리에게 도움을 청했던 것 말이에요. 그리고는 협곡을 건너는 것을 막아서는 걸림돌들을 목록으로 만들었죠.

그러면 샐리에게는 어떤 걸림돌들이 있는 것일까요? 이야기책을 더 읽어보니 샐리는 엄마에게 걸림돌 목록을 찾는 데 도움을 청했고, 샐리와 엄마는 '걸림돌'을 같이 찾아냈어요. 야니는

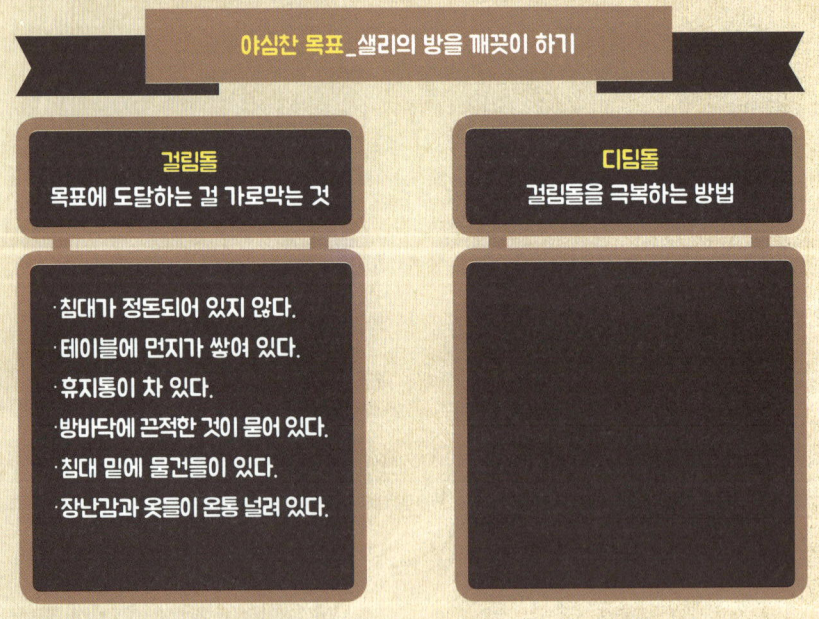

야심찬 목표_샐리의 방을 깨끗이 하기

걸림돌
목표에 도달하는 걸 가로막는 것

- 침대가 정돈되어 있지 않다.
- 테이블에 먼지가 쌓여 있다.
- 휴지통이 차 있다.
- 방바닥에 끈적한 것이 묻어 있다.
- 침대 밑에 물건들이 있다.
- 장난감과 옷들이 온통 널려 있다.

디딤돌
걸림돌을 극복하는 방법

샐리가 문제를 해결하기 위해 첫 번째 단계를 잘 푼 것을 보고 기뻤어요.

샐리가 깨끗하게 정돈된 방을 만드는 데 방해되는 이런 걸림돌들을 하나하나 없애려면 무엇을 해야 할까요? 야니가 걸림돌들을 극복하기 위해 '디딤돌' 목록을 만들었던 것과 똑같이, 샐리도 자신의 목록을 적기 시작했어요.

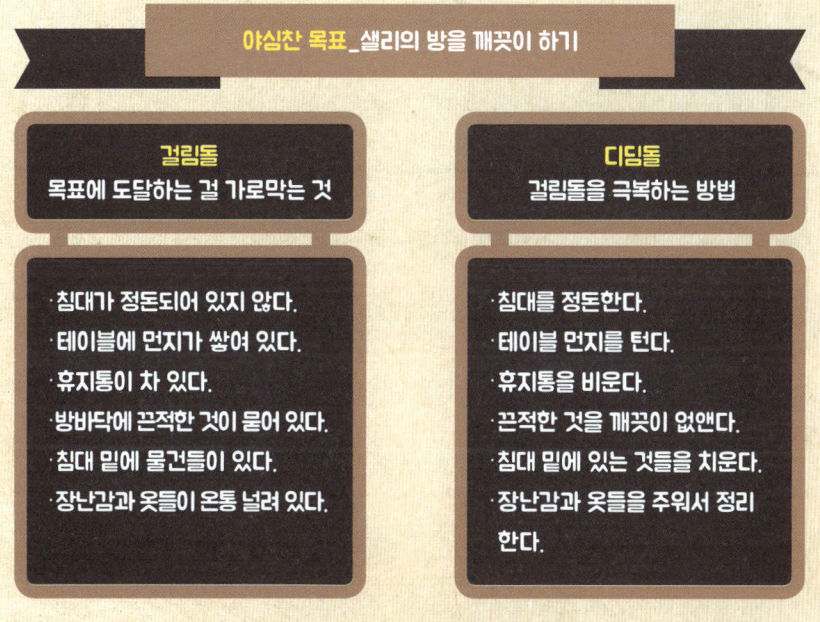

이제 샐리에게 '디딤돌' 목록이 생겼어요. 그것만으로 계획을 다 세웠다고 할 수 있을까요? 아니죠! 샐리와 엄마는 디딤돌 목록에서 어떤 것을 먼저 해야 할지 살펴보았어요. 야니가 디딤돌 목록만 가지고 협곡을 건너려고 하지 않았던 것처럼, 샐리와 엄마는 계획을 제대로 실행할 수 있도록 디딤돌들의 순서를 정했어요.

이제야 샐리는 '자기 방을 청소하기'라는 '목표'를 이루는 법을 이해할 수 있게 되었어요.

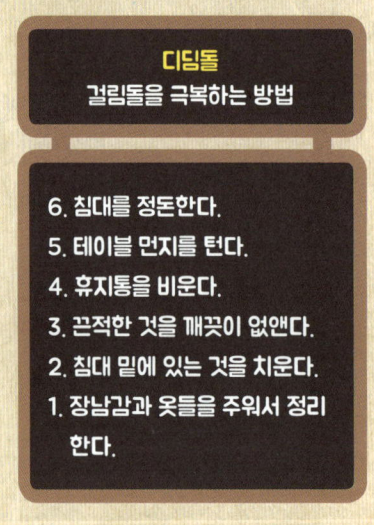

야니는 '야심찬 목표나무'를 사용하는 법을 배우기 위해 이야기를 활용하면 아주 효과적이라는 것을 알게 되었어요. 그런데 야니는 자신의 문제를 푸는 데 도움이 될 이야기를 어떻게 찾아낼 수 있을지 궁금해졌어요.

생각 페이지
해야 할 일을 체계적으로 하는 방법 배우기

 방 청소를 하려고 하는 샐리가 가지고 있는
'걸림돌'은 무엇인가요?

걸림돌
목표에 도달하는 걸 가로막는 것

 샐리가 엄마와 함께 찾아낸 '디딤돌'은 무엇이었나요?
그것들을 먼저 해야 할 순서대로 적어보세요.

디딤돌
걸림돌을 극복하는 방법

지민이는 저녁 먹기 전에 숙제를 다 하겠다고 스스로 다짐했어요.
이 다짐을 지키고 싶은데, 오늘따라 숙제가 어렵고, 몸이 피곤해요.
그런데 친구 철수는 휴대폰 게임을 하자고 해요.
지민이가 스스로의 다짐을 지키기 위해 어떻게 하면 좋을지
'야심찬 목표'와 '걸림돌', '디딤돌'을 사용해서 적어보세요.
이 때 디딤돌을 해야 할 순서대로 적어주세요.

야심찬 목표_

걸림돌	디딤돌
목표에 도달하는 걸 가로막는 것	걸림돌을 극복하는 방법

9. 보물찾기에서 이기는 방법은?

야니는 '생각 마을'에서 두 번째 이야기 〈보물찾기〉를 만난다.
친구의 생일 파티에 초대를 받아 마음이 들뜬 조쉬,
하지만 지도를 읽지 못해 걱정이다.
조쉬가 다른 친구들보다 먼저 보물을 찾아서 일등을 할 수 있을까?

야니는 자신이 왜 '생각 마을'에 오게 되었는지 생각해 보았어요. 야니는 지도를 읽는 법을 배워야 해요. 그래서 혹시 지도를 읽는 데 도움이 될 만한 책이 있는지를 살펴보았어요. 몇 분 만에 지도 사용법에 관한 책을 하나 발견했고 야니는 그 책을 읽기 시작했어요. 책의 첫 부분에 지도가 그려져 있고, 그 밑에 지도에 관한 이야기가 있었어요(지금부터 소개할 이야기는 체릴 에드워즈가 지은 〈보물찾기〉를 각색한 것입니다).

2장. 소원을 이루려면 어떻게 해야 할까? 103

"여기, 엄마!"

조쉬 볼트가 신이 나서 엄마를 불렀어요.

"이거 한 번 보세요. 사라 생일 파티 초대장이에요. 피자도 먹고, 게임도 하고 보물찾기도 할 거래요. 그런데 보물찾기가 뭐죠? 그거 어떻게 하는 거예요?"

"조쉬야, 보물찾기란 지도를 이용해 특별한 보물이 어디에 숨겨져 있는지를 찾는 게임이란다. 모든 팀이 지도를 하나씩 받은 후, 각자 지도를 읽고 단서를 쫓아 보물을 찾는 거지."

"지도요? 어떡해요? 저는 지도 읽는 법을 모른단 말이에요. 사라의 생일 파티에 가기 전까지 지도 읽는 법을 배워야겠네요."

"사라의 생일 파티에 가기 전에 보물 지도를 읽는다, 그거 진짜 '야심찬 목표'인걸. 초대장에 따라온 지도를 같이 보자꾸나. 네가 보물 지도를 읽는 것을 방해하는 것이 뭐지? '걸림돌'을 차근차근 적어봐."

조쉬가 잠시 생각하더니 적어 내려갔어요.

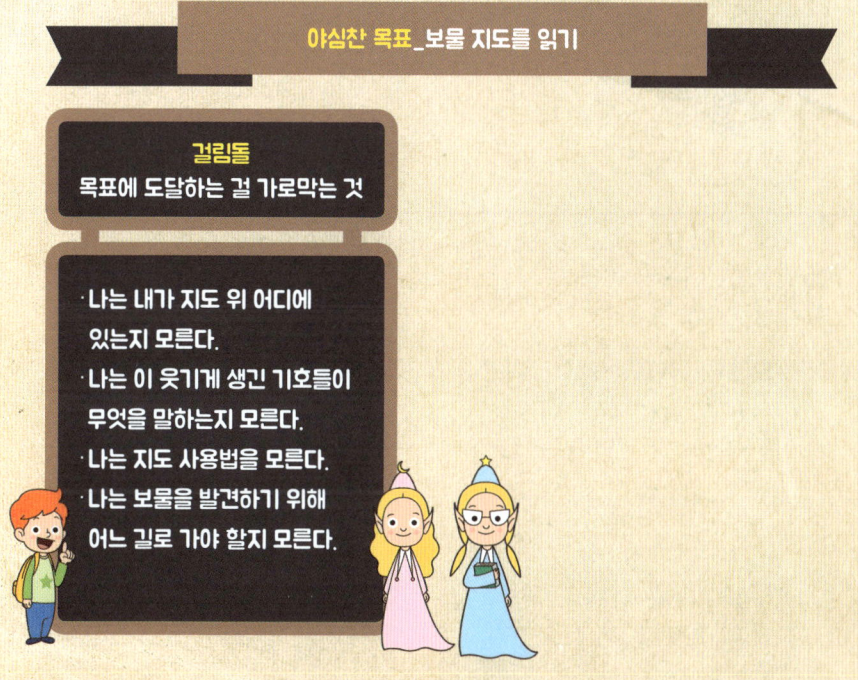

엄마는 조쉬가 써놓은 걸림돌들을 하나하나 살펴보았어요.

"조쉬야, 네가 지도를 읽는 데 방해되는 '걸림돌'을 극복하는 법을 알아낼 수 있다면 더 이상 문제가 없을 거야. '걸림돌'을 하나씩 극복할 수 있는 방법을 알아보자.

첫 번째 '걸림돌'이 '나는 내가 지도 위 어디에 있는지 모른다.'이구나. 네가 지도 위 어디에 있는지 어떻게 알아낼 수 있을까?"

조쉬는 지도를 유심히 들여다보았어요.

"'B'가 적혀 있는, 집 모양의 기호 말이에요, 어쩌면 이게 제 성인 볼트(Bolt)의 첫 글자 B인 것 같아요. 이게 우리 집이면, 저는 바로 여기에 있는 거네요."

"잘 맞춘 것 같은데. 너는 네가 어디에 있는지 생각했고, 지도

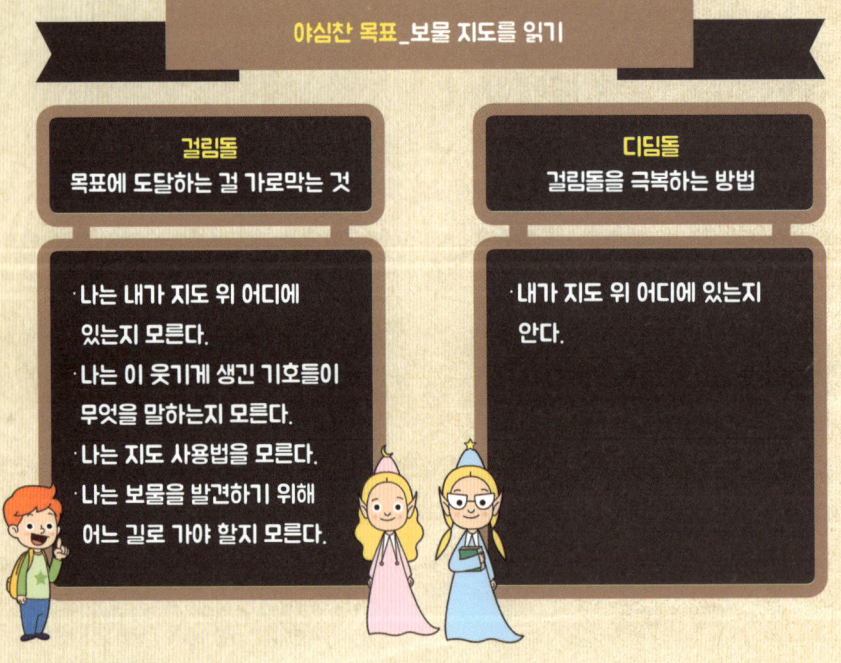

에서 우리 집을 나타내는 기호를 찾아냈지. 이게 '걸림돌'을 극복하는 '디딤돌'이라고 할 수 있겠구나."

두 사람은 잊어버리지 않기 위해 첫 번째 '디딤돌'을 적었어요.

"그럼, 다음 '걸림돌'로 넘어가자. '나는 이 웃기게 생긴 기호들이 무엇을 말하는지 모른다.' 말이야."

"맞아요. 저는 이 기호들이 무엇을 말하는지 모르겠어요. 그렇지만 방금 우리 집을 나타내는 집 기호를 찾아냈으니 나머지 기호들도 알아낼 수 있겠죠."

"우리 집을 나타내는 기호가 지도 위 또 다른 지점에 나타날 수 있을까?"

"아뇨. 우리 집은 한 지점에만 있을 수 있잖아요, 안 그래요? 잠깐만요. 지도 한 편을 보니 작은 기호와 그 옆에 설명하는 단어들이 있어요. 모든 지도가 다 이런가요?"

"맞아, 이런 것을 범례라고 부른단다. 지도 범례는 각 기호가 무엇을 의미하는지를 말해 주고 있지. 그래서 이것들을 이용하면 지도 읽기가 더 쉬워지는 거야. 이제 두 번째 '걸림돌'을 극복한 것 같구나."

두 사람은 두 번째 '디딤돌'을 적었어요.

"그렇다면 세 번째 '걸림돌', '나는 지도 사용법을 모른다.'를 살펴보자."

"이제 저는 제가 지도 위 어디에 있는지를 찾아낼 수 있어요. 그게 도움이 될 거고요. 또 지도 범례를 이용해서 제가 아는 장소를 찾을 수 있어요.

지도에는 보물을 나타내는 기호가 분명 있을 거예요. 그러면 제가 지금 있는 곳에서 보물이 있는 곳까지 어떻게 가는지를 알아내면 되죠. 그 길을 찾아내는 데 제가 아는 곳들을 이용하면 되겠네요."

"그러면 되겠다. 너는 이제 여러 개의 '디딤돌'을 찾았구나."

"저는 이런 '디딤돌'들을 이용해서 마지막 '걸림돌'인 '나는 보물을 발견하기 위해 어느 길로 가야 할지 모른다.'를 극복할 수 있다고 생각해요."

그들은 나머지 '디딤돌'들도 칠판에 적었어요.

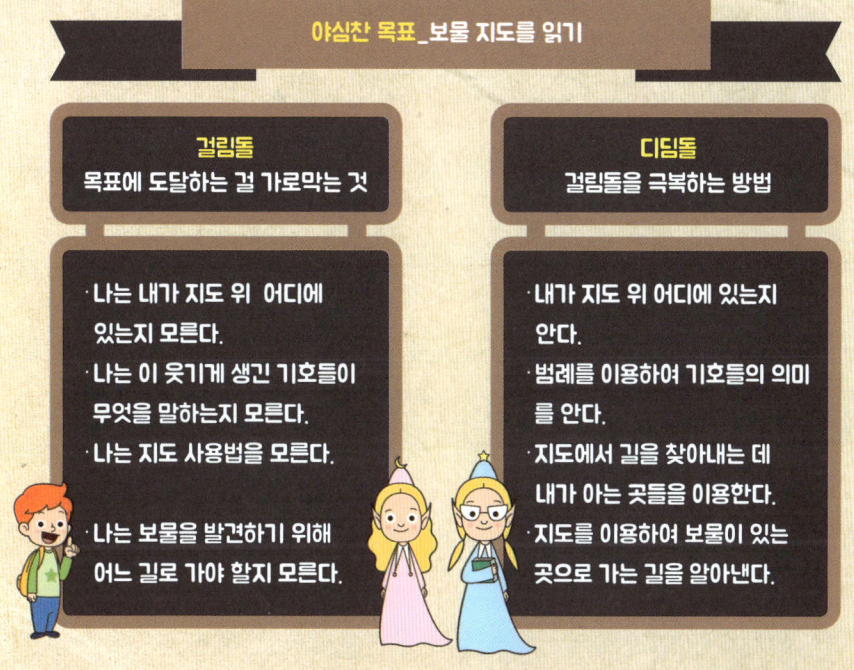

조쉬는 이제 다 끝났다고 생각했는데, 엄마가 말했어요.

"잠깐. 네 '디딤돌' 중에서 어떤 것을 제일 먼저 해야 할까?"

"음, 제가 지도 위 어디에 있는지를 아는 것부터가 먼저겠네요."

"그런데 그것을 어떻게 알 수 있지?"

"사라의 집을 나타내는 기호를 찾아내면 돼요. 보물찾기를 시작할 때 우리가 어디에 있는지를 알아내는 거 말이에요."

"그것을 어떻게 찾을 수 있을까?"

"아, 알았어요! 가장 먼저 지도 범례에서 사라 집과 보물 지점의 기호를 찾는 거예요. 그리고 이 기호들을 지도에서 찾고요. 제가 어디에서 출발해서 어디로 도착하는지를 알게 되면, 그 중간에 제가 익숙한 장소들의 기호를 지도에서 찾아낼 수 있을 거예요. 보물 지점으로 가는 데 그것들을 단서로 이용하는 거죠."

디딤돌
걸림돌을 극복하는 방법

4. 지도를 이용하여 보물이 있는 곳으로 가는 길을 알아낸다.
3. 지도에서 길을 찾아내는 데 내가 아는 곳들을 이용한다.
2. 내가 지도 위 어디에 있는지 안다.
1. 범례를 이용하여 기호들의 의미를 안다.

조쉬는 '디딤돌'들의 순서를 이렇게 생각해낸 뒤에, 최종 목록을 적어 내려갔어요.

"있잖아요, 엄마. 무엇을 하기 전에 먼저 생각하면 실수를 많이 하지 않을 거예요. 우리 팀이 보물 있는 곳에 더 빨리 갈 수도 있고요. '야심찬 목표'와 '걸림돌', '디딤돌'을 이용하는 방법을 다른 일에도 사용한다면 문제를 해결하기가 참 쉬워질 거예요."

생각 페이지
처음에 어렵게 보이는 과제를 어떻게 해결할 수 있을까?

 조쉬는 친구 사라의 생일 파티에서 보물찾기를 잘하기 위한 방법을 엄마와 이야기했어요. 보물 지도를 읽을 줄 모르는 조쉬의 '걸림돌'은 무엇인가요?

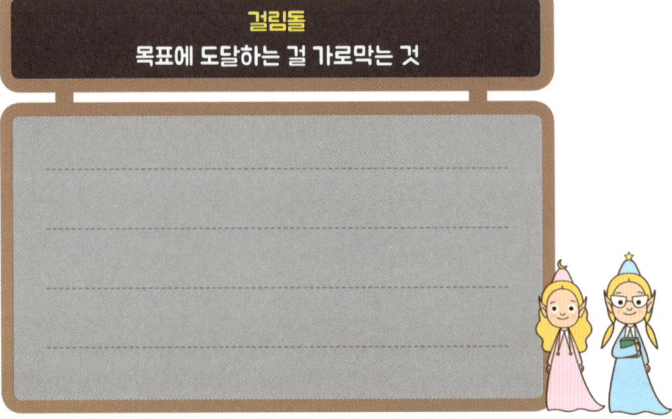

 조쉬가 엄마와 함께 찾아낸 '디딤돌'은 무엇이었나요? 그것들을 먼저 해야 할 순서대로 적어보세요.

 조쉬가 '야심찬 목표나무' 도구를 통해
배운 것은 무엇인가요?

....

....

....

....

학교 선생님께서 '우리 동네 문화유산'을 답사하고 2주 내에 보고서를 쓰라는 숙제를 내주셨어요. 우리 동네에 어떤 문화유산이 있는지 몰라 답답한데, 어떻게 하면 좋을지를 '야심찬 목표'와 '걸림돌', '디딤돌'을 사용해서 정리해보세요. 이때 디딤돌을 해야 할 순서대로 적어주세요.

2장. 소원을 이루려면 어떻게 해야 할까?

10. 여러 사람이 힘을 합치면 바위도 들어 올릴 수 있어

동굴 마을에서 한 사람이 바윗덩어리에 깔리고 만다.
동굴 사람들은 그를 구하려고 애썼지만 바위는 꿈쩍하지 않는데…
야니는 이 상황을 보고 '야심찬 목표나무'를 이용해서
동굴 사람들과 바위를 들어 올리려고 계획한다.

야니는 조쉬의 질문에 대해 생각해 보았어요. 이 방법을 다른 일에도 쓸 수 있을까? 어떨 때 '야심찬 목표나무' 도구가 도움이 될 수 있을까? 야니는 자신이 직접 실제 상황에 적용해 봐야만 알 수 있을 거라고 생각했어요. 야니는 이 과제를 품고 답을 찾기 위해 마을을 떠나기로 했어요.

야니는 '생각 마을'에서 지도 읽는 법을 배웠기 때문에 길을 잘 찾아갈 수 있었어요. 마을을 벗어나서 가다 보니 돌계단이 나타났어요. 그 계단은 동굴로 이어져 있었어요. 야니는 용감하게 계단으로 내려갔어요.

횃불로 밝힌 좁은 길을 따라 내려가니 넓은 공간이 나타났어요. 그곳에서 사람들이 보석을 캐고 있었는데, 모두 키가 작았어요. 야니가 신기해서 바라보고 있는데, 갑자기 바윗덩어리가 떨어져 한 사람을 덮쳤어요. 다행히 바위 밑면이 움푹 파여 있어서 몸이 그쪽으로 들어간 덕분에 다치진 않았지만, 바윗덩어리에 막혀서 밖으로 나올 수 없었어요.

모두 어쩔 줄 몰라 했어요. 동굴 사람들은 돌아가며 바위를 밀어내려고 애썼지만 바위는 꿈쩍하지 않았어요. 그들이 야니를 보고 외쳤어요.

"여기 큰 친구가 있네. 도와줄 수 있을 거야. 어이 젊은 친구, 이 바위를 아리스톤에게서 치워줄 수 있겠나?"

야니는 바위가 있는 곳으로 가서 바위를 밀어내려고 했지만 너무 무거워서 힘이 들었어요. 동굴 사람들도 모두 힘을 합쳤지만 소용없었어요. 모두 낙심했어요. 야니도 절망감에 '너무 힘들어. 바위를 움직일 수 없을 거야.'라고 생각했어요.

하지만 그게 사실일까요? 야니는 '야심찬 목표나무'가 생각났어요.

"모검, 마켓 도우미 요정님, 제가 이 '야심찬 목표'를 이룰 수 있도록 도와주세요."

야니가 크게 외치자 도우미 요정들이 나타났어요. 요정들을 보고 힘이 난 야니는 동굴 사람들에게 물었어요.

"여러분, 지금 무엇을 이루고 싶은 거죠? '목표' 말이에요."

"우리는 바위를 옮기고 아리스톤을 나오게 하고 싶어."

"좋아요. 그러면 그것을 이루는 데 방해되는 것이 무엇이죠? '걸림돌' 말이에요."

"우리는 너무 작아. 그리고 바위는 너무 무거워. 우리는 그것을 어떻게 할지 모르겠어. 우리에겐 도구가 없어."

"잠깐만요! 한꺼번에 이야기하니 알아들을 수가 없어요. 한 사람씩 이야기해 주세요."

동굴 사람들이 말을 멈추고 생각하기 시작했어요. 그런 다음 돌아가며 말하면서 생각을 정리했어요.

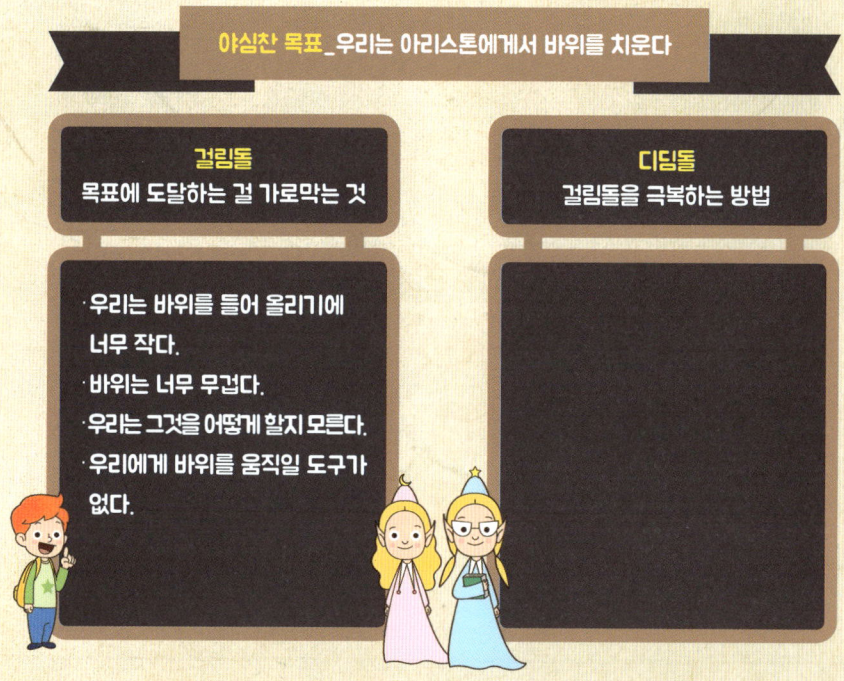

모겜 도우미 요정은 이 걸림돌들을 재빨리 자신의 칠판에 적었어요. 야니가 동굴 사람들에게 물었어요.

"이런 걸림돌들을 극복하기 위해서 무엇이 필요하거나 또는 무엇을 해야만 하나요?"

"우리 키가 더 클 때까지 기다릴까?"

어떤 동굴 사람이 말하자, 바위 아래에 있던 아리스톤이 소리쳤어요.

"안 돼! 바로 하란 말이야. 답답해 죽겠어."

"그래요. 너무 작다는 것을 극복하기 위해서는 다른 방법이 필요하겠어요."

야니의 말에 또 다른 동굴 사람이 제안했어요.

"무언가로 바위를 들어 올리는 것은 어때?"

"좋아요. 그거 괜찮겠네요."

야니가 맞장구를 치자 동굴 사람 누군가가 다른 아이디어를 냈어요.

"바위가 너무 무거우면 들어 올리기 쉽게 만들지, 뭐."

"우리는 바위를 들어 올리기 쉽게 만드는 방법을 몰라. 우리는 그 방법을 찾아야만 해."

"우리에게는 바위를 옮길 도구가 없어. 그렇지만 우리는 도구를 만들 수 있지."

동굴 사람들이 저마다 말하는 걸 들으며 야니는 빙그레 미소를 지었어요.

"'디딤돌'들을 잘 찾았네요. 그럼, 시작해 볼까요? 잠깐만요! 우리가 일을 시작하기 전에 조금 더 생각해 볼 필요가 있어요. 무엇을 먼저 해야 할지 의견을 모아야 해요. 디딤돌들의 순서를 정해야 하거든요. 어떤 것을 가장 먼저 해야 할까요?"

"바위를 옮길 도구를 만들자!"

"그렇지만 우리가 어떻게 바위를 들어 올릴지 방법을 알지 못하면, 어떤 도구가 필요한지 몰라. 그러니 도구를 만들 수 없지. 그래서 우선 바위를 들어 올릴 방법을 알아내야 해."

"바로 그거예요! 그것이 첫 번째 단계죠. 다음에는요?"

"어떻게 들어 올릴지를 알면, 필요한 도구를 만들 수 있지. 먼저 바위를 들어 올리기 쉽게 하는 도구를 만들고, 그 도구를 사용한 다음에 바위를 옮기면 되지."

야니는 마겟에게 동굴 사람들이 다 볼 수 있도록 '디딤돌' 목록을 적어 달라고 했어요.

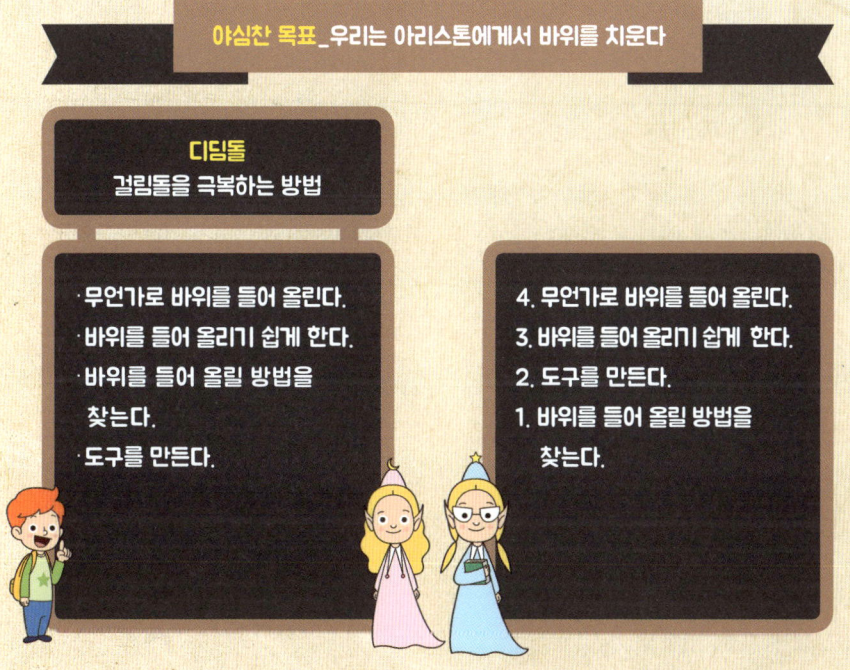

야니가 목록의 맨 첫 단계를 쳐다보았어요.

"자, 우리가 바위를 들어 올릴 방법을 찾는 데 도움될 책이나 그 무엇이라도 알아봐요."

"내가 무언가 발견한 것 같아."

동굴 사람 중 한 명이 이렇게 말하며 자신이 들고 있는 책을 뒤적였어요. 그 사람의 이름은 아르키메데스예요.

"우리가 여기에서 필요한 것은 지렛대야. 우리는 지렛대를 만들 수 있어."

"아르키메데스, 뭐라고 했지? 지렛대? 그게 뭐야?"

다른 사람들이 물어보자 아르키메데스가 설명했어요.

"지렛대는 무거운 것을 들어 올리기 쉽게 하는 간단한 기구야. 긴 막대기를 구해 한쪽 끝을 바위 밑에 넣고는 바위 가까운 곳으로 막대기 아래에 무엇인가를 넣는 거야. 그리고는 다른 끝에 무거운 것을 올려놓는 거지. 어쩌면 시소 비슷하게 말이야."

"저기에 긴 막대가 있네. 한번 해 보자."

"어떻게 막대를 바위 밑에 넣지? 바위를 옮길 수도 없는데 말이야."

동굴 사람들이 우왕좌왕하자 아르키메데스가 제안했어요.

"바위 아래로 구멍을 파면 돼! 그러면 막대를 끼워 넣을 수 있을 거야."

모두가 좋다고 했고 야니도 찬성했어요.

"좋아요, 구멍을 팝시다. 그런 다음에 여기에 이 손수레를 막대 끝 아래 바위 쪽으로 최대한 가깝게 넣어보세요. 우리가 막대의 다른 쪽 끝을 밀어 내린다면 바위를 들어 올리기가 더 쉬워질 거예요. 이 지렛대가 우리를 대신해 바위를 옮기는 일을 할 거예요."

그들은 손수레를 바위 옆에 놓았어요. 그리고 막대를 손수레 위에 걸친 후에 막대의 다른 쪽 끝으로 달려가 올라탔어요.

"내가 맨 위로 갈 거야!"

"아냐! 내가 맨 위로 갈 거란 말이야."

동굴 사람 각자가 맨 위로 올라가려고 하자 모두 떨어지고 말았어요.

"잠깐만요! 새로운 걸림돌이 나타났다면 여러분은 '걸림돌' 목록에 추가하셔야 해요."

모겸이 '모두 맨 위로 올라가려고 한다.'는 걸림돌을 자신의 칠판에 적었어요.

"그러면 이 '걸림돌'을 어떻게 극복할 거죠?"

야니의 질문에 아르키메데스가 의견을 냈어요.

"우리는 '목표'에 집중해야 한다고 생각해."

"무슨 뜻이야?"

다른 동굴 사람이 묻자 아르키메데스가 설명했어요.

"우리는 끊임없이 목표에 마음을 써야 한다는 거야! 그런데 우리가 목표에 이르기 위해 무엇을 할 필요가 있는지를 생각해야 하는데, 각자 자기가 하길 원하는 것만 생각하고 있잖아. 잊지 말자. '바위를 옮긴다.'는 것이 목표라는 것을 말이야."

"맞아! 제발 협력해서 일해 보자!"

동굴 사람들은 대화를 나누면서 다시금 목표를 기억해낼 수 있었어요.

"좋은 생각이에요. 우리는 한 팀이 되어 협력해야 해요. 항상 그래야 해요. 그 덕에 우린 두 개의 디딤돌을 이뤄냈어요. 세 번째 디딤돌을 달성하려고 애쓸 때 바로 지금 걸림돌을 만났죠. 그래서 '한 팀이 되어 일한다는 것을 기억한다.'를 '바위를 들어 올리기 쉽게 한다.' 전에 해야 할 디딤돌로 둘게요."

야니가 마겟에게 새 디딤돌을 '디딤돌' 목록에 추가해 달라고 했고, 마겟이 그대로 했어요. 이제 동굴 사람들은 목표를 달성하는데 필요한 계획을 갖게 되었어요.

야니가 외쳤어요.

"좋아요. 이번에 막대에 오를 때에는 목표를 명심하세요."

동굴 사람들이 조심스럽게 막대에 올라가자 바위가 움직였어요.

"아리스톤, 빨리 빨리요! 내가 도와줄게요."

바위가 위로 들어 올려졌고 야니는 아리스톤에게 팔을 내밀었어요. 아리스톤은 야니의 팔을 잡고 빠져나올 수 있었어요. 아리스톤이 바위에서 벗어나자 동굴 사람들이 환호성을 질렀어요. 모두 성공의 기쁨에 함성을 지르며 팔짝팔짝 뛰었어요.

"고마워. 처음에는 불가능한 것처럼 보였는데 우리가 해냈어."

"계획을 잘 세우고 협력하면, 어떠한 소원도 이룰 수 있어요."

동굴 사람들은 야니에게 진심으로 고마워했어요. 야니 역시 동굴 사람들과 힘을 합쳐 아리스톤을 구했다는 사실이 정말 뿌듯했어요. 기분이 좋아서 싱글벙글하던 야니의 머릿속에 갑자기 중요한 생각이 떠올랐어요.

"바로 이거야! 드디어 답을 찾았네! 소원을 이루는 길은 '야심찬 목표나무' 도구를 사용하는 것이라는 걸!"

모검과 마겟은 자랑스러운 눈빛으로 야니를 바라보았어요. 마겟은 들고 있던 칠판 뒤로 손을 넣더니 작은 나무 모양의 열쇠를 꺼내 야니에게 건넸어요.

모검이 야니에게 물었어요.
"잘했어, 야니! 그런데 내가 이해할 수 없는 게 있어. 왜 너는 '야심찬 목표나무' 계획이 성공한 이유를 동굴 사람들에게 물어보지 않았니? 너는 그들에게 질문을 던져 그들 스스로 생각해 보도록 하지 않고 네가 먼저 답을 말해버렸는데, 왜 그런 거지?"
"저는 그들에게 무엇이 중요한지를 확실히 이해시키려고 답을 말해 주었어요."
"다른 사람에게 어떤 것을 이해시키는 가장 좋은 방법이 답을 말해 주는 걸까?"
"글쎄요. 잘 모르겠어요. 그것에 대해 생각해 본 적이 없어요."
그 말을 듣고 마겟이 모검에게 말했어요.
"야니가 아직 피터를 만나보지 않아서 그럴 거예요."
"피터가 누구예요?"

마겟이 친절하게 설명해주었어요.

"초원을 지나고 나면 '가지 마을'이 나오는데, 피터는 그 근처에 살고 있단다. 네가 꼭 그 아이를 만나보면 좋겠구나. 분명히 피터에게서 많은 것을 배우게 될 거다."

마겟은 신비로운 미소를 지었고, 모검이 마겟에게 윙크하며 의미심장하게 웃었어요.

야니는 동굴 사람들과 함께 머물면서 그들이 다른 문제들을 푸는 것을 도와주어야 할지, 아니면 피터란 아이가 누군지 알아보기 위해 떠나야 할지 확신이 서지 않았어요. 그때 야니는 아르키메데스가 목표에 집중해야 한다고 말한 것이 기억났어요. 아르키메데스의 말은 야니가 다음에 무엇을 해야 할지 결정하는 데 도움이 되었어요.

"저는 제 목표에 집중해야만 해요."

야니가 단호하게 말했어요.

"안녕, 여러분. 아르키메데스 고마워요!"

야니는 동굴 사람들과 모검, 마겟 도우미 요정에게 작별 인사를 나누고 동굴 바깥으로 나왔어요.

야니는 풀과 꽃들로 가득 찬 아름다운 초원으로 들어섰어요. 잠시 서서 가방에서 지도를 꺼내 자세히 살펴보았어요. 그리고는 지도를 한 손에 꼭 쥐고 초원을 가로질러 걸어갔어요. 주머니 속에 있는 두 번째 열쇠를 만지면서, 야니는 요안나 여왕을 찾으러 가는 앞으로의 여정에서 놀라운 일을 더욱 많이 만날 거라는 생각이 들었어요.

생각 페이지
새로운 '걸림돌'이 나타났을 때 어떻게 해야 할까?

 동굴 마을에서 바위가 굴러떨어져 아리스톤을 덮쳤어요.
아리스톤을 구하고 싶은 동굴 사람들 앞에 놓인 '걸림돌'은 무엇일까요?

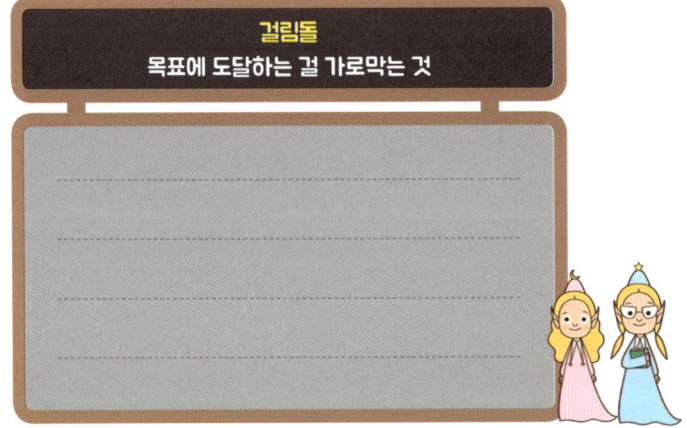

 이러한 '걸림돌'을 극복하기 위해서 필요한 '디딤돌'은 무엇일까요?
그것들을 먼저 해야 할 순서대로 적어보세요.

야니와 동굴 사람들은 '디딤돌' 목록에 정리한 대로 손수레와 막대를 이용해서 바위를 들어 올리기로 했어요. 그러나 동굴 사람들이 서로 막대 위로 올라가려고 다투다 실패하고 말았어요. 새롭게 나타난 '걸림돌'에 대해 야니가 찾은 새로운 '디딤돌'은 무엇인가요?

이처럼 예상치 못했던 '걸림돌'이 나타났을 때 어떻게 해야 할까요?

야니는 소원을 이루기 위해서 어떻게 하면 된다는 걸 깨달았나요?

3장

나의 미래를 바꾸려면 어떻게 해야 할까?

 THE STORY OF YANI'S GOAL

132 내가 꿈꾸는 목표를 이루고 싶어

11. 과거는 바꿀 수 없지만, 미래는 바꿀 수 있다고?

야니는 '가지 마을'로 가던 중에 한 무리의 마을 사람들을 만나고,
짓궂은 장난을 일삼는 피터에 대해 알게 된다.
야니도 피터에게 골탕 먹고 화를 내다가 발까지 다치게 되는데…
야니는 피터와의 일을 통해서 무엇을 깨닫게 될까?

                        야니가 나머지 두 개의 열쇠를 얻기 위해 푸른 초원을 가로질러 '가지 마을'로 가고 있었어요. 그때 몇 명의 마을 농부들이 가족과 함께 걸어오는 것이 보였어요. 그들은 연장, 막대기, 돌을 들고 있었고 화가 많이 난 것 같았어요. 무슨 문제가 있는 걸까? 궁금해진 야니는 무리에 있는 한 할아버지에게 물었어요.

"무슨 일이 있어요?"

"피터가 우리를 엄청나게 놀렸단다. 피터가 늑대가 나타났다고 소리를 지르는 바람에, 나는 그 아이를 구하려고 저 언덕을 오르다가 심장이 멎는 줄 알았어."

할아버지의 말이 끝나자 할머니 한 분이 덧붙여 설명했어요.

"우리는 정말로 늑대가 나타난 줄 알았지 뭐야. 우리가 생각을 더 잘했어야 했는데 말이야. 이제 우린 피터를 믿을 수 없어. 그 아이는 전에도 이런 적이 있었어."

"맞아, 그랬어. 우린 두 번 다시 그 아이를 믿지 않을 거야."

다른 농부가 말했어요.

마을 농부들이 걸어가는 뒷모습을 바라보면서 야니는 모검과 마겟 도우미 요정이 말했던 피터가 그 아이가 아닐까 생각했어요. 열쇠를 찾아서 계속 가다 보면 알 수 있겠지요. 야니는 '가지 마을'로 향하는 길을 따라 천천히 걸어갔어요.

초원의 끝자락에 이르러 지도를 다시 펼쳤어요. 지도를 보니 '가지 마을'이 다음 언덕 너머에 있었어요. 언덕 꼭대기에 다다랐을 때 작은 과일나무가 있었는데 그 뒤에서 무엇인가 움직이는 게 보였어요.

야니가 나무에 조금 더 가까이 가보니 움직이는 물체는 바로 키가 작은 소년이었어요. 키와 나이가 야니와 비슷해 보였어요.

"저 베리 열매를 따고 싶은데 좀 도와줄래?"

소년이 나무의 큰 가지에 달린 크고 빨간 베리를 가리키며 말했어요.

"나 혼자 하고 싶은데 키가 거기까지 닿지 않아."

그 이야기를 듣자마자 야니는 손을 뻗어 베리를 집었어요. 그러자 베리가 손 안에서 터져 끈적한 액체가 팔로 흘러내렸어요. 소년은 "하하! 재미있네!"라며 크게 웃었어요.

"아, 피터가 바로 너지?"

야니가 티셔츠 앞부분에 묻은 베리 물을 닦으면서 화난 목소리로 말했어요.

"내 이름을 어떻게 알아?"

"방금 초원을 가로질러 왔는데 농부들이 네가 그들을 못되게 놀렸다고 말해 주었어. 네가 나에게 하는 짓을 보니 그분들이 말한 피터가 너란 걸 바로 알 수 있었지."

"아, 그들은 성질이 나빠."

야니는 자신의 귀를 믿을 수 없었어요.

"뭐라고? 그들은 네가 위험에 빠진 줄 알고 너를 도우러 왔었어. 그들은 너의 친구야."

피터가 야니를 빤히 바라보았어요.

"말도 안 돼! 나에게는 친구가 아무도 없어."

야니가 자기 팔에서 베리 물이 줄줄 흐르는 것을 보고 말했어요.

"음, 네가 만나는 사람마다 골탕을 먹인다고 하던데 이제 알 수 있겠다. 내 팔에 묻은 게 뭐지? 팔이 쓰리다."

야니가 자기 팔이 끈적해진 것을 보고 물어보자 피터가 낄낄거렸어요.

"아, 그거 아무것도 아냐. 일 분 정도 있으면 사라질 거야."

"이게 아무것도 아니라고? 네가 방금 나에게 한 짓이나 전에 마을 사람들에게 한 것들은 정말 못된 행동이야. 그걸 모르겠어?"

야니는 화가 났지만 피터는 계속 피식피식 웃기만 했어요.

"내 눈에는 농담도 받아들일 줄 모르는 사람으로밖에 보이지 않는걸."

"너 정말 멍청하고 못됐다! 네가 항상 이런 식으로 행동하면 어떻게 되겠니?"

"내 걱정은 하지 마. 나는 내가 무엇을 하는지 알고 있어. 사람들을 골탕 먹이려면 말이야, 정말 똑똑해야 하거든."

"뭐? 똑똑하다고? 농담하니? 너는 어떤 행동을 할 때 한쪽밖에 보지 못하고 있어. 너무 바보 같아서 쓸데없는 장난을 치면 어떻게 되는지 보지 못하는 거야."

야니는 얼굴을 찌푸렸고, 피터는 아랑곳하지 않고 낄낄거리며 웃었어요.

"내가 어리석다고? 그럼 너는? 야, 네가 내 장난에 넘어갔을 때 얼마나 바보같이 보였는지 알아?"

야니가 진짜 화가 나서 말했어요.

"너에게는 네가 무엇을 잘못하고 있는지 말해 줄 사람이 필요해. 왜냐하면 너 혼자서는 그걸 모르기 때문이야. 내가 도와줄 수 있는데, 그러려면 너는 내가 말하는 대로 해야 해!

제일 먼저 해야 할 것은 농부들과 나에게 사과하는 거야. 그리고 골탕 먹이는 것을 그만두어야 하고, 다음에는…"

야니가 열심히 설명해도 피터는 듣지 않고 말을 끊었어요.

"하하. 농담하지 마. 마음을 바꾸고 유머 감각을 가져야 할 사람은 바로 너야. 그리고 네 일이나 신경 써. 멍청이한테 충고를 들을 사람이 어디 있겠니?"

피터가 언덕 너머로 달려갔어요. 야니는 화가 나기도 하고 한편으로는 좌절감도 들었어요.

"너 같은 애를 도와주려고 쓴 시간이 너무 아깝다."

야니는 피터를 향해 그만 소리를 지르고 말았어요.

너무 화가 치밀어 오른 야니는 언덕 위에 있는 큰 바위를 냅다 걷어찼어요. 으악! 화가 풀리기는커녕 발만 다치고 말았어요. 야니가 아파서 펄쩍펄쩍 뛰는 바람에 피리가 주머니에서 떨어졌어요. 피리를 불면 요정을 부를 수 있다는 것이 기억난 야니는 피리를 집어서 불었어요. 그러자 요정이 나타났어요.

"다시 만나 뵈어서 반가워요, 요정님! 피터라는 아이가 저를 화나게 했어요. 그 아이는 모든 사람을 골탕 먹이고는 자기를 나무라는 사람들을 비난하고 있어요.

제가 그 아이에게 무엇을 잘못하고 있는지 알려주려고 했는데, 그 아이는 너무 멍청해서 제 말을 귀담아들으려고 하지 않아요. 그 아이 때문에 저는 발까지 다쳤다니까요."

야니가 말을 폭포수처럼 쏟아놓자 요정은 다 안다는 듯한 미소를 지었어요.

"그래, 그 아이가 네 발을 아프게 했니?"

"아뇨, 제가 발로 바위를 차서 다쳤어요."

"그러면, 어떻게 그 아이 탓을 하는 게 맞는지 이해가 안 가는구나. 네가 바위를 차도록 그 아이가 시켰다는 뜻이니?"

"음, 그 아이가 저를 매우 화나게 했어요. 바위에 발길질해야 화가 풀릴 것 같아서 발로 찬 거예요. 그러니까 모두 그 아이 탓이라고요."

"야니, 너는 아직 이런 문제를 혼자 어떻게 푸는지 모르는 것 같구나."

야니는 답답하고 억울했지만 요정은 고개를 가로젓더니 늘 들고 다니던 책을 펼쳤어요. 그러고는 시를 읽어주었어요.

"상대에게 책임을 돌리는 것은
매우 잘못되고 부끄러운 일이라네.
잘잘못을 따지려고 싸우기보다는
답을 다시 한번 찾아보기로 하세!"

요정이 시를 다 읽을 때 즈음 부엉이가 나무에서 날아 내려왔어요. 부엉이는 뭔가를 적을 수 있는 작은 상자들이 달린 조그만 '가지'를 가지고 있었어요.

"야니, 이 부엉이 이름은 푸기란다. 누구보다도 오랫동안 나를 도왔지. 네가 요안나 여왕을 구출하려면 무엇을 더 해야 하는지 이해할 때까지 푸기는 너와 함께 있을 거란다."

"푸기가 제가 나머지 두 질문에 대한 답을 찾는 것을 도와줄 거라고요? 그게 피터에 대한 일과 무슨 관계가 있나요?"

"네가 피터 탓을 하면 문제가 풀릴까?"

"아뇨, 피터 탓을 한다고 문제가 풀리는 것은 아니에요. 하지만 대체 제가 무얼 할 수 있는데요?"

"네가 문제를 풀 수 있는 길이 없다는 거니?"

야니는 요정의 물음에 곰곰이 생각했어요. 그러나 대답을 할 수 없었어요. 요정이 야니의 그런 모습을 보면서 다시 물었어요.

"나는 네 이야기를 듣고 싶어. 피터가 너를 골탕 먹였을 때 어떤 일이 일어났는지 말해보렴. 맨 처음 네가 한 일은 무엇이니?"

"피터가 저를 골탕 먹였을 때, 저는 화가 났어요. 그리고… 음, 저는 피터의 흉을 봤어요."

기억을 되살려 보니 야니는 자기 행동을 정확히 알 수 있었어요. 푸기는 막대를 갖고 상자들 안에 뭔가를 적었어요.

"네가 피터의 흉을 봤다면, 그래서 어떤 일이 일어났니?"

"피터가 저를 멍청이라고 놀렸어요."

"피터가 너를 멍청이라고 놀렸다면, 그래서 어떤 일이 일어났니?"

"저는 피터가 무엇을 잘못하고 있는지 말해줄 사람이 필요하다고 생각했어요. 저는 피터에게 행동을 바꿔야 한다고 말해 주었어요."

"그렇게 말해줘서 피터가 바뀌었니?"

"아뇨."

"그랬더니 피터가 어떻게 했니?"

야니는 피터가 자신의 흉을 보고 가버렸고 너무 화가 나 바위를 차는 바람에 발을 다치게 되었다고 말했어요.

요정은 다시 "화가 났을 때 왜 피터 흉을 보았어?"라고 물었어요.

"왜냐하면 그건… 피터의 흉을 봐서 분풀이하는 것이 제 화를 풀 수 있는 유일한 길이기 때문이죠."

"그렇게 하니까 네 화가 사라졌니?"

"아뇨, 그렇게 하고 나서 모든 게 더 나빠졌어요."

기어들어 가는 목소리로 야니가 대답하자 요정은 "네 화를 풀 수 있는 다른 길은 없을까?"라고 좀 더 자세히 물었어요.

"다른 사람에게 이야기하면 도움이 될 때가 있어요. 어쩌면 그때 요정님을 불렀어야 했는데 말이에요. 저에게 도우미가 또 있어야겠다는 생각이 드네요."

요정이 보기에 야니가 문제를 아직 충분히 이해한 것 같지 않았어요.

"음. 그럴 수도 있지. 그렇지만 네가 생각을 바꾸면 어떤 결과가 나타날지 한번 살펴보자."

푸기는 새로운 빈 '가지' 그림을 내려서 맨 아래 상자 안에 '피터가 나에게 골탕을 먹인다.'라고 적어 넣었어요. 야니가 그다음 상자의 내용을 말했어요.

"나는 화가 난다. 그래서 나는 피터의 흉을 본다."

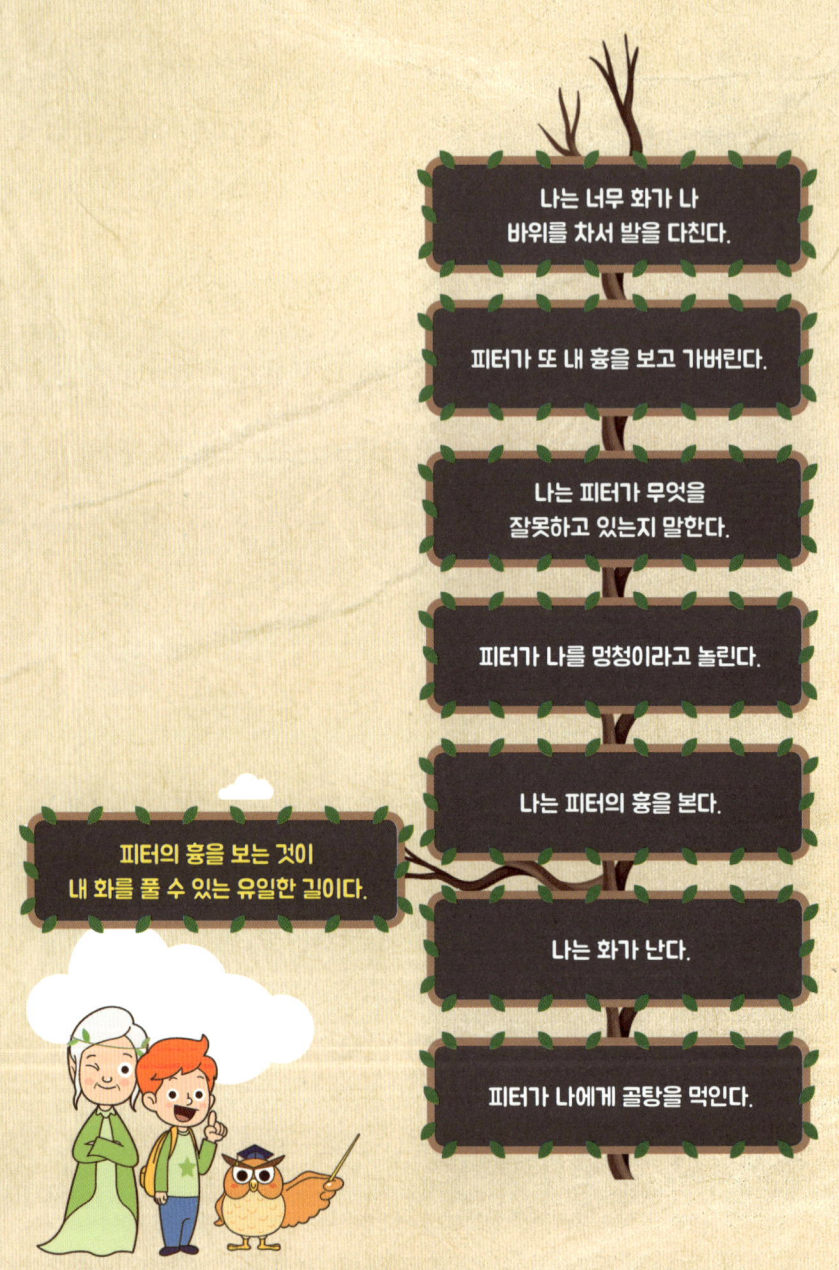

요정은 야니가 좀 더 생각을 잘할 수 있도록 도와주기 위해 다시 질문해 주었어요.

"너는 피터의 흉을 보는 것이 네 화를 풀 수 있는 유일한 길이라고 했는데, 그게 정말 옳을까? 다른 길은 없을까?"

야니가 조금 생각하더니 '해결책'을 말했어요.

"내가 화가 난다면, 나는 그것에 관해 이야기할 친구를 찾는다."

그런 다음 이렇게 덧붙였어요.

"그러면 나는 기분이 좋아진다. 그렇게 하면 나는 문제를 악화시키지 않고 내 화를 풀 수 있기 때문이죠."

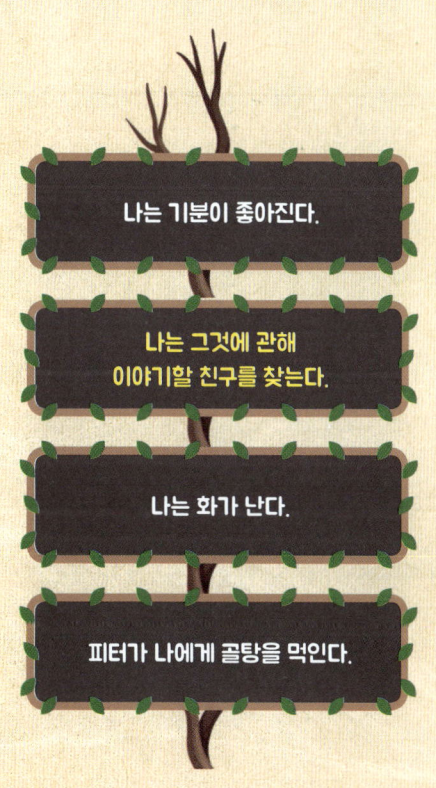

야니가 말을 끝맺자 요정이 물었어요.

"이 두 가지 사이에 어떤 차이가 있을까?"

"음, 하나는 아주 고통스러운 결말이 나고요, 다른 하나는 훨씬 좋은 결말이 나는데요."

"우리는 이런 것들을 '부정적 가지', '긍정적 가지'라고 부른단다. 두 가지 다 생각을 깊게 하는 데 도움이 되지."

"예, 제가 생각을 더 깊이 했더라면 발을 다치지 않았을 텐데요. 그런데 그렇게 하는 게 지금 저에게 좋은 점이 뭐죠?"

"때로는 안 좋은 상황에서 얻는 좋은 점은, 거기서 배운 것을 다른 상황에 응용할 수 있다는 거야. '가지' 사용에 관해 방금 배웠으니 앞으로 너에게 어떤 도움이 될 수 있을까? 다음번에 누가 너에게 골탕을 먹이더라도 안 좋은 결말을 피하려면 너는 무엇을 해야 할까?"

"글쎄요. 다음번에 제가 다른 결말을 원한다면, 행동을 다르게 할 필요가 있겠지요. 과거는 제가 바꿀 수 없지만, 미래에 저에게 일어날 일은 바꿀 수 있어요. 제 행동에 대해 깊이 생각하게 하는 '부정적 가지' '긍정적 가지'를 사용한다면요."

"야니, 방금 뭐라고 말했지?"

야니가 잠시 멈추더니 큰 웃음을 터뜨렸어요.

"제가 해냈어요! '나의 미래를 바꾸려면 어떻게 해야 할까?'라는 세 번째 질문에 대한 답을 얻었다고요."

"음, 이제 푸기가 너에게 무언가 줄 게 있을 거야."

요정은 야니를 자랑스럽게 바라보았고, 푸기는 야니에게 나뭇가지처럼 생긴 열쇠를 건넸어요.

"야니, 이제 헤어져야 할 시간이 되었구나."

"안 돼요, 잠깐만요! 그럼 누가 저에게 네 번째 답을 가르쳐주죠?"

"야니, 나는 이제 네게 더는 필요치 않아. 답은 네 안에 있단다. 너는 이미 다음 단계를 공부할 준비가 되어 있어. 너는 이제 다른 사람들뿐만 아니라 너 자신으로부터도 배울 수 있는 능력을 갖고 있어."

"저는 준비가 되어 있는 것 같지 않은데요?"

야니가 미심쩍은 표정으로 중얼거렸어요.

"그러면 너는 무엇이 더 필요하다고 생각하니?"

"음, 잠깐만요. 요정님은 제가 더 많이 연습해야 한다고 생각하시죠?"

요정이 야니에게 미소를 지으며 고개를 끄덕였어요. 그리고는 빛의 소용돌이를 내며 자신을 필요로 하는 다른 사람들을 찾아 떠났어요.

생각 페이지
'가지' 생각도구를 이용해 보다 나은 결과를 생각해 보기

 발을 다친 야니가 피터 탓을 하자
요정은 야니에게 시를 읽어주었어요. 그 시의 뜻을 적어보세요.

_____

_____

_____

'피터가 야니에게 골탕을 먹인다.'에서 시작하여 '야니가 바위를 차서 발을 다친다.'라는 안 좋은 결과가 어떻게 나타나게 되었는지 알아보기 위해 야니가 적었던 대로 '부정적 가지'의 빈 상자를 채워보세요.

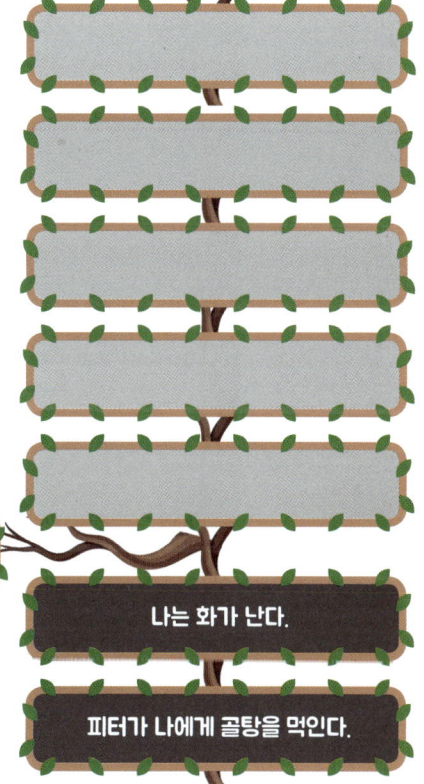

나는 화가 난다.

피터가 나에게 골탕을 먹인다.

'피터가 야니에게 골탕을 먹인다.'고 했더라도, '야니가 기분이 좋아진다.'라는 좋은 결과를 얻기 위해 야니는 어떤 생각을 하였나요? 그것을 알아보기 위해 야니가 적었던 대로 '긍정적 가지'의 빈 상자를 채워보세요.

야니는 요안나 여왕을 구출하기 위해 필요한 세 번째 질문에 대한 열쇠를 얻었어요. '나의 미래를 바꾸려면 어떻게 해야 할까?'에 대한 답은 무엇인가요?

 형철이는 손 씻기를 싫어합니다. 그래서 형철이가 독감에 걸렸고 며칠 동안 열이 났습니다. 그래서 병원에 가서 치료를 받았습니다. 형철이의 이야기를 바탕으로 '가지'의 빈 상자를 채워보세요.

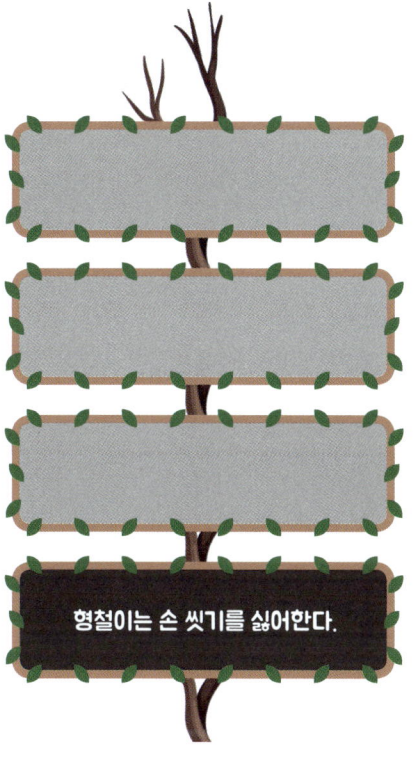

형철이는 손 씻기를 싫어한다.

12. 생각을 바꾸면 문제를 해결할 수 있어

야니는 '가지 마을'에서 〈이솝우화〉의 '소년과 호두' 이야기를 읽게 된다.
호두가 먹고 싶었던 소년은 욕심을 부려 호두 항아리에 손을 넣어
한 줌 가득 움켜잡았다가 항아리에서 손을 뺄 수 없게 되는데…
야니는 소년의 문제를 해결하는 방법을 찾을 수 있을까?

　　　　　　　　　　야니가 앞서서 나가자 푸기가 야니를 따라 날아갔어요. 열심히 걷던 야니는 나무처럼 생긴 집들이 모여 있는 작은 마을을 발견했어요. 바로 '가지 마을'이었어요. 야니와 푸기는 함께 마을로 들어갔어요.

　어느 집에 들어가니 많은 책이 책장에 꽂혀 있었어요. 그런데 야니는 무엇부터 시작해야 할지 몰랐어요.

　"푸기, 네 번째 문제의 답을 찾으려면 어디부터 들여다봐야 할까?"

　"책들을 한 권씩 들여다보면 알 수 있을걸. 우선 쭉 살펴보면서 무엇이 있는지 알아보자."

둘은 책장에 있는 책들을 하나하나 보기 시작했어요. 야니는 흥미로워 보이고 문제를 푸는 데 도움이 될 만한 교훈을 담고 있을 책을 찾아냈는데, 바로 〈이솝우화〉였어요. 책을 몇 장 넘기자 '소년과 호두'라는 제목의 이야기가 나타났어요.

"어이, 푸기! 이 책은 우화 책이라는데 우화가 뭐야?"

"교훈적 이야기에 대해 들어본 적 있어? 때로 사람들은 이야기를 통해서 우리에게 삶에 대한 교훈을 가르쳐 주기도 해. 이솝도 그러한 사람이었어. 그는 사람과 동물에 관한 이야기를 지었지. 삶에 대한 이러한 가르침을 교훈이라고 불러. 그리고 이솝이 쓴 이야기 같은 것을 우화라고 부르지."

야니와 푸기는 이야기를 읽기 시작했어요. 그러면서 중요한 사건을 알아보고, 그것을 마지막 열쇠 찾기의 단서로 어떻게 쓸 것인지 알아봤어요.

〈이솝우화: 소년과 호두〉   -각색 : 캐시 써얼켄

어린 소년이 테이블에 놓인 호두 항아리를 발견했습니다.

'호두 좀 먹어야지. 엄마가 계셨으면 내게 호두를 주셨을 거야. 딱 한 줌만 꺼내야지.'

그래서 소년은 항아리에 손을 집어넣고 한 줌 가득 호두를 쥐었습니다. 그런데 항아리의 목이 좁아 손이 빠지지 않았습니다. 주먹 쥔 손을 펴면 되지만, 소년은 호두를 놓치고 싶지 않았습니다. 소년은 혼자 별별 궁리를 다 해 봤지만 호두를 가득 쥔 손은 빠지지 않았습니다. 결국 소년은 울음보를 터뜨렸습니다.

푸기가 말했어요.

"야니, 내가 알려주었던 '가지' 도구를 기억하니? 우리가 그걸 사용하여 이야기의 교훈을 찾아낼 수 있을지 알아보자. 우선 중요한 사건들을 살펴볼까? 이야기 속에서 어떤 일이 맨 처음 일어났지?"

"좋아. 맨 처음에 소년이 호두 항아리를 발견했지."

"소년이 호두를 발견했고 그다음에 어떤 일이 일어났지?"

"소년은 호두를 좀 먹고 싶다고 생각했지."

"소년이 호두를 좀 먹고 싶다고 생각한 후 어떤 일이 일어났지?"

"소년이 손을 집어넣고 호두를 한 줌 가득 손에 쥐었지."

"소년이 호두를 한 줌 가득 손에 쥐었고 그다음에 어떤 일이 일어났지?"

푸기가 미소를 띠며 차근차근 말해 준 덕분에 야니는 원인-결과 관계를 생각하고 이해할 수 있었어요.

"소년의 손이 항아리에서 빠지지 않았어."

"소년의 손이 항아리에서 빠지지 않았는데, 이후 어떤 일이 일

- 소년은 울음보를 터뜨렸다.
- 소년의 손이 항아리에서 빠지지 않았다.
- 소년이 호두를 한 줌 가득 손에 쥐었다.
- 소년은 호두를 좀 먹고 싶다고 생각했다.
- 소년은 호두 항아리를 발견했다.

어났지?"

"소년이 울음보를 터뜨렸어."

야니가 말을 마치자, 푸기는 '가지' 상자에 야니가 말한 것들을 적었어요.

"어디가 문제인지 찾아보자. 소년은 언제 처음으로 자신에게 문제가 생긴 것을 알았을까? 가지에서 문제가 시작된 곳을 찾아봐."

야니는 소년의 손이 항아리에서 빠지지 않게 된 순간을 적어 놓은 두 상자 사이를 가리켰어요. 야니가 〈이솝우화〉의 내용을 잘 이해하고 있어서 푸기는 신이 났어요.

"맞아! 소년은 자기 손이 빠지지 않았을 때 문제가 생겼음을 알았어. 소년이 호두를 한 줌 가득 손에 쥐었는데, 손이 항아리에서 빠지지 않았지. 왜일까? 무엇이 소년의 손을 빠지지 않게 만들었을까?"

"알겠어! 소년은 손을 펴지 않으려 했어. 왜냐하면 욕심을 부렸던 거지. 호두를 너무 많이 집었어."

야니는 자신이 말한 내용을 '가지' 상자에 썼어요.

"아주 좋아, 야니. 이 책의 교훈에 대해 생각해 봐. 교훈은 '삶

에 대한 가르침'이라는 것을 기억해. 이 소년은 자기 손을 항아리에서 뺄 수 없었을 때 어떤 가르침을 얻었을까?"

"푸기, 어떤 건지 알 것 같아. 욕심을 내는 것은 좋지 않아. 왜냐하면 욕심을 내면 문제가 생기거든."

푸기가 두 날개를 접고 크게 미소를 지으며 말했어요.

"바로 그거야, 야니. 아주 잘했어! 그런데 말이야, 저자가 이야기 끝에 말하려던 교훈을 네가 이미 파악했다는 것을 알고 있어?"

야니가 책장을 넘겨보니 다음과 같이 쓰여 있었어요.

〈이솝우화: 소년과 호두〉　　　　　　-각색 : 캐시 써얼켄

(앞서 이야기에 뒤이어)
소년의 엄마가 방으로 들어왔습니다. 엄마는 소년의 손이 항아리에서 빠지지 않고 있는 것을 보았습니다. 심각한 표정으로 엄마가 말했습니다.
"음, 너무 욕심을 내지 말아라. 그냥 두세 개만 집어. 그러면 네 손을 빼는 데 문제가 없을 거야."
소년은 호두를 다 놓은 다음 몇 개만 집었습니다. '무척 쉽네.'라고 소년이 생각했습니다.
'내가 아까 혼자서도 이렇게 생각했어야 했는데. 다음번에는 꼭 이렇게 해야지.'

야니와 푸기는 집에서 나와 마을 어귀에 섰어요. 푸기가 야니를 쳐다보며 물었어요.

"야니, 너는 아까 그 이야기를 읽으며 무엇을 배웠어? 교훈적 내용뿐만 아니고 '가지'를 어떻게 사용할 수 있는지에 대해 말이

야."

야니는 곰곰이 생각해 보았어요.

"나는 이야기 속에서 일이 왜 잘못되었는지 원인을 찾았어. 문제가 발생했을 때 원인을 찾아서 문제를 해결하는 법을 이해하게 되었어. 그런데 실제로 살아가면서 만나는 문제에 이 방법이 통할지 잘 모르겠어."

야니가 주위를 둘러보았어요. 그리고는 네 번째 열쇠를 찾아야 한다는 생각이 떠올랐어요.

"푸기, 그거 진짜 흥미롭긴 한데 지금은 우리가 계속 가야 해. 다음에는 무엇을 하게 될까?"

생각 페이지
문제가 생겼을 때 원인을 찾아 문제를 해결하는 방법

 〈이솝우화〉의 '소년과 호두' 이야기에서
소년에게 일어난 일을 원인-결과에 맞게 써보세요.

소년은 호두 항아리를 발견했다.

 위의 가지 그림에서 소년에게 처음으로 문제가 발생한 곳은
어느 상자일까요? 또 그 문제가 발생한 이유는 무엇일까요?

....

....

소년의 엄마는 항아리에서 손을 빼지 못하는
소년에게 어떤 말을 해 주었나요?

푸기가 야니에게 설명해 준 '교훈'이란 말의 뜻은 무엇이고,
〈이솝우화〉의 '소년과 호두' 이야기의 교훈은 무엇인가요?

'가지' 도구를 어떻게 사용하면 좋을까요?

13. 답을 아는 것보다 '스스로 생각하는 법'을 아는 게 더 중요해

'가지 마을'을 떠나면서 야니는 푸기와 함께 이야기를 나눈다. 푸기는 야니가 피터에게 스스로 생각하는 법을 알려주지 않고 답을 알려주려고 했던 행동을 지적하는데…

'가지 마을'을 떠나면서 야니가 푸기에게 말했어요.

"나는 이제 '가지'를 이용하면 많은 걸 잘 이해할 수 있게 된다는 걸 알았어. 너는 이게 내가 마지막 답을 찾는 데 도움이 된다고 생각해?"

"네가 이미 배운 것을 잘 생각하기만 하면 돼."

"내 실수에 대해 생각해 보고, 실수를 통해 배운 것을 나중에 더 나은 결정을 할 수 있도록 적용하는 것 말이야?"

"바로 그거야. 너의 실수로부터 배울 수 있다면 너의 미래를 바꿀 수 있어."

야니가 잠시 생각하더니 푸기에게 말했어요.

"나는 내 고향 사람들에게 문제들에 대한 답을 한시라도 빨리 알려주고 싶어."

"진짜 그들에게 답을 알려주려는 거야? 그건 네가 피터에게 했던 방식 아니었어?"

푸기는 야니가 사람들에게 직접 답을 주는 게 아니라, 그들이 스스로 생각하게 하는 게 낫다고 생각했어요. 푸기는 날개 밑에 손을 넣어서, 아까 야니가 피터에 관해 얘기할 때 만들었던 '부정적 가지'를 꺼냈어요.

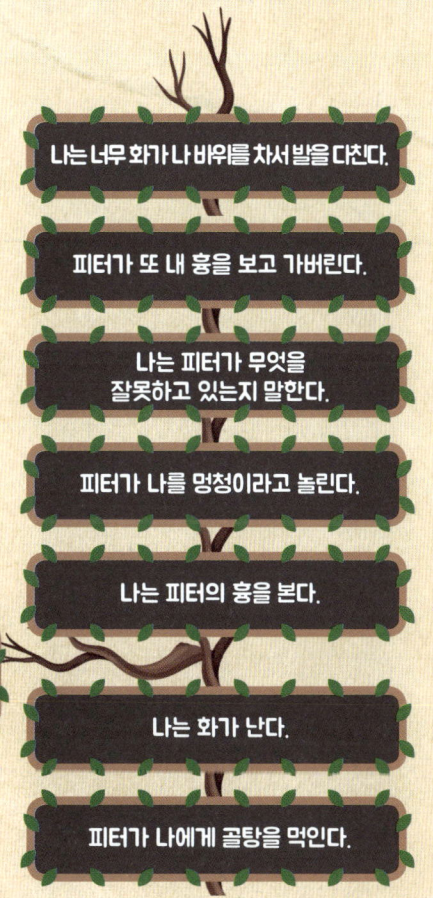

나는 너무 화가 나 바위를 차서 발을 다친다.

피터가 또 내 흉을 보고 가버린다.

나는 피터가 무엇을 잘못하고 있는지 말한다.

피터가 나를 멍청이라고 놀린다.

나는 피터의 흉을 본다.

피터의 흉을 보는 것이 내 화를 풀 수 있는 유일한 길이다.

나는 화가 난다.

피터가 나에게 골탕을 먹인다.

"피터가 나를 멍청이라고 놀리면 나는 피터가 무엇을 잘못하고 있는지 말한다, 왜 이렇게 해야 하는 거야?"

"내가 피터에게 잘못된 점을 말해 주지 않으면 피터는 변하지 않을 거니까. 나는 피터에게 말해 주어야만 해."

하지만 잠시 후 야니는 자기 실수를 알아차렸어요.

"아냐! 내 생각이 틀렸어. 무엇을 하라고 피터에게 말하는 것은 전혀 받아들여지지 않았어. 그렇지만 나는 피터를 도울 수 있는 다른 방법이 있는지 잘 모르겠어."

"야니, 생각해 봐! 네가 다른 사람에게 무엇을 하라고 말하지 않으면서도 도움을 주었던 상황이 한 번도 없었니?"

"아니. 음, 잠깐만. 맞아! 던카와 모씨하고는 그랬어. 그들은 서로를 대하는 태도가 바뀌었지."

눈을 반짝이며 푸기가 물었어요.

"아! 그거 재미난 이야기 같다. 그 이야기를 좀 해줄 수 있겠니?"

"던카와 모씨라는 두 엘프가 있었는데, 그들은 서로 다투고 있었어. 내가 어떻게 말릴 수가 없었어. 생각해 보니 거의 피터와 나같이 말이야!"

"그래서 네가 어떻게 했는데?"

"나는 그들과 함께 '구름'을 그렸고, 그들은 자신들의 문제를 해결할 수 있었지. 그렇게 하자 그들은 각자 자신을 똑똑하고 자랑스럽게 여기게 되었고 말이야. 모두가 승자인 것처럼 생각했어."

푸기는 야니의 말을 글로 적어 밑의 상자부터 채워 올라갔어요. 그런데 마지막 말은 상자에 다 들어가지 않았어요. 야니는 글자가 상자 안에 다 들어가야 하는 줄 알고 걱정했는데 푸기가 야니를 안심시켰어요.

"괜찮아. 때로는 상자 밖에 두고 생각하는 것도 좋아."

푸기가 두 상자 사이의 한 곳을 가리키며 '왜냐하면' 상자를 옆으로 빼냈어요. 그리고 야니에게 물었어요.

"다투고 있는 두 엘프를 돕기를 원해서 나는 그들과 구름을 그렸다, 왜 그렇게 했어?"

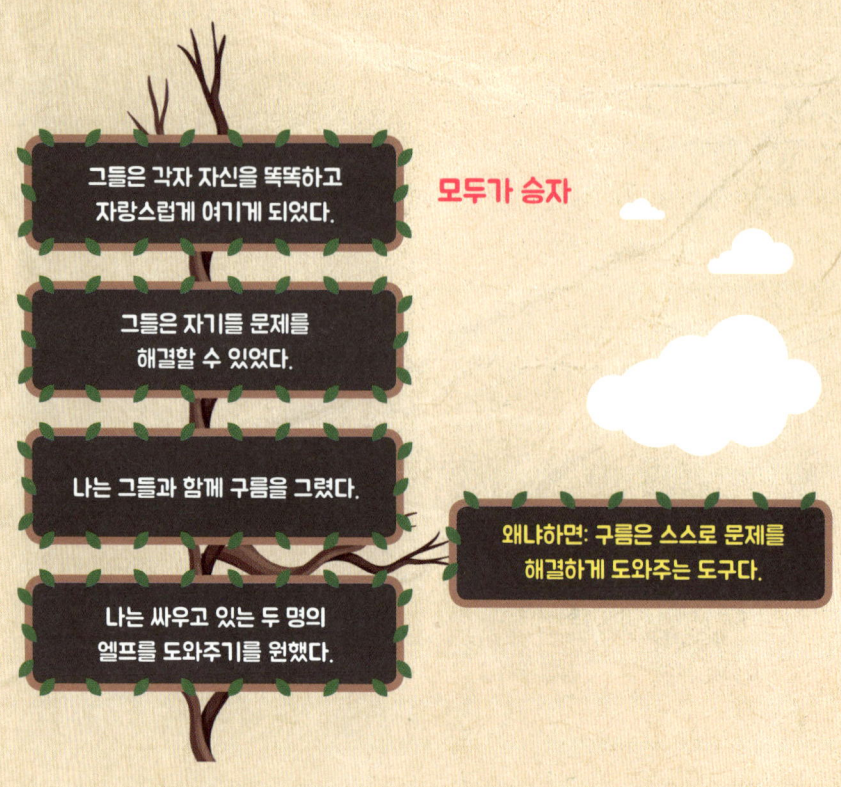

"왜냐하면 구름은 사람들에게 그들이 진짜 '필요한 것'이 무엇인지 생각하도록 돕는 질문을 던져서 스스로 문제를 해결하게 해주니까. 그것은 답을 알려주는 것보다 훨씬 더 도움이 되는 방법이야.

만약 내가 어떤 사람에게 답을 알려주면, 결국 난 그 사람이 생각해서 알아내야 하는 걸 대신해 주는 게 돼. 하지만 내가 좋은 질문을 해서 그 사람이 생각하게 만든다면, 그 사람은 스스로 해결방법을 알게 되겠지."

야니의 말을 들은 푸기는 흥분해서 소리를 높였어요.

"야니, 방금 네가 뭐라고 말했는지 알아?"

"그게 바로 '왜 질문이 답보다 좋은 걸까?'라는 네 번째 질문에 대한 답이네! 푸기, 네가 '왜 그렇지?'라고 물어봐서 내가 지혜로워지는 것 같아.

내가 요안나 여왕님과 함께 고향에 돌아가면 내가 사람들을 가르칠 수 있겠다는 생각이 이제 드네. 멋져! 나의 네 번째 열쇠가 어디에 있지? 나는 헤르트 섬에 최대한 빨리 가야만 해."

푸기가 헛기침을 하며 머리를 좌우로 천천히 저었어요. 그 모습에 야니는 궁금해졌어요.

"푸기, 무엇이 잘못되었는데? 나는 고향 사람들에게 질문을 던져서 그들이 스스로 깨닫게 할 거야. 나는 이미 엘프들과 동굴 사람들에게 그렇게 해서 성공했고, 또…."

"너는 '가지 마을'에서 누구에게 질문했지?"

"푸기, 왜 그러는 거야? 나는 '가지 마을'에서 연습문제를 풀었고 네 질문에 모두 답을 했잖아."

"종이 위에서 연습한 것만으로 네가 실제 생활 속에서 다른 사람들을 가르치기에 정말 충분하다고 생각해?"

"뭐, 그건 아닐 수도 있겠지. 그럼 내가 가르칠 사람이 있어야 하는데, 그런 사람 찾는 것을 좀 도와줄 수 있겠니?"

"나는 네가 목표를 이루기 위해 어디에서 가르치면 될지 알고 있어."

푸기가 눈을 반짝거리며 말했어요.

"아, 나는 어서 요안나 여왕님을 구출하고 싶어."

"야니. 그렇게 하고 나면 또 다른 목표가 생긴다는 것을 알게 될 거야."

그러나 야니는 그 말에 별로 신경 쓰지 않았어요. 이제 야니는 세 번째 열쇠를 손에 쥐었고 미래를 바꾸는 방법을 알게 되었어요. 그는 자신뿐만 아니라 많은 다른 사람들의 미래를 바꿀 수 있는 마지막 열쇠를 찾기 위해 어서 앞으로 나아가고 싶었어요.

생각 페이지
'스스로 생각하는 법'을 배우기

사람은 누구나 실수할 수 있어요. 하지만 실수는 우리에게 중요한 점을 가르쳐주기도 합니다. 야니와 푸기는 그것을 무엇이라고 생각했나요?

야니는 왜 피터에게 잘못된 점을 말해 주어야 한다고 생각했나요? 그것이 잘못된 생각인 이유는 무엇일까요?

야니가 풀어야 할 네 번째 질문 '왜 질문이 답보다 좋은 걸까?'에 대한 답은 무엇인가요?

4장

왜 질문이 답보다 좋은 걸까?

 THE STORY OF YANI'S GOAL

14. 스스로 생각해서 문제를 풀 수 있으려면?

야니는 '가지'와 '구름', '야심찬 목표나무'를 만들어서
피터가 문제를 푸는 걸 도와주기로 결심한다.
과연 피터는 스스로 생각해서 문제를 풀 수 있을까?

야니는 가르칠 사람을 찾아야만 했어요. 요안나 여왕을 구출하는 데 필요한 네 번째 열쇠를 얻으려면 꼭 그래야만 해요. 푸기가 말을 건넸어요.

"있잖아, 야니. 기회는 많이 있어. 네가 눈을 뜨고 귀를 열어 둔다면 말이야. 사실은 저기 뒤에 있는 나무 근처에 아주 좋은 기회가 있는 것 같은데."

야니가 귀를 기울여보니 누군가 외치는 소리가 들렸어요.

"도와주세요! 거기 아래에 늑대가 없나요?"

소리가 나는 쪽으로 가보니 나무의 아래쪽 가지에 매달려 있는 사람이 보였어요. 야니는 고개를 가로저으면서 푸기에게 말

했어요.

"아, 안 돼! 피터라니!"

야니는 얼마 전 피터와 함께했던 때가 떠올랐어요. 그를 다시 만나게 되니 기분이 좋지 않았어요.

"피터라니 말도 안 돼. 쟤는 진짜 문제아야. 구제 불능이라고! 나는 쟤를 도와줄 수 없어. 다른 사람의 말을 도무지 들으려고 하지 않거든."

"피터가 왜 그럴까? 생각해 봐, 야니. 피터가 네 말을 들으려고 하지 않는 진짜 이유가 무엇일까?"

야니는 잠시 생각했어요.

"음, 그건 아마 피터가 나를 골탕 먹였을 때 내가 화를 냈기 때문일 거야. 나는 피터가 무엇을 잘못하고 있는지 알려주고 싶은 생각뿐이었어. 우선 나는 피터를 비난했고 피터가 무엇을 해야 할지를 알려주려고 했어.

그런데 지금은 내가 피터에게 어떻게 해야 할지 알 것 같아. 내가 배운 것을 피터한테 가르쳐 줄 수만 있다면 스스로 생각해서 달라지는 데 도움이 될 거야. 어쩌면 피터는 자기가 배운 것을 다른 사람들을 돕는 데 쓸 수 있을 거고. 그렇게 된다면 내가 여왕님을 구출해서 고향에 돌아갔을 때 내 모험이 의미가 있었다고 자신 있게 말할 수 있을 거야."

푸기는 야니의 말이 마음에 들었어요.

"너는 대단한 학생이야, 야니. 그런데 너는 네가 배운 것을 피터에게 어떻게 가르칠 수 있을까?"

"음, 무엇부터 시작해야 할지 잘 모르겠어. 마을에서는 이야기를 통해서 배웠기 때문에 무엇부터 시작해야 할지 알 수 있었거든. 우리가 마을을 떠날 때 너는 실제 생활 속에서도 다른 사람들을 충분히 가르칠 수 있다고 했는데, 나는 그게 궁금했거든. 푸기, 너라면 무엇부터 시작할 것 같아?"

"음, 요정님은 너를 가르칠 때 어떻게 시작했지? 요정님이 어떤 질문을 던졌지?"

야니는 요정이 자기에게 어떻게 질문을 던졌는지를 기억해냈어요. 요정은 "야니, 나는 네 이야기를 듣고 싶어. 피터가 너를 골탕 먹였을 때 어떤 일이 일어났지?"라고 질문했지요.

"요정님은 나에게 질문을 던져 내가 어떤 행동을 해서 안 좋은 결말이 나오게 되었는지 생각해 보도록 하셨지. 아! 그럼 나도 피터에게 그가 어떤 행동을 해서 안 좋은 결말이 나오게 되었는지 묻고, 차례차례 질문을 계속하면 되겠네."

야니는 자신의 생각이 옳다는 믿음이 생겼어요. 그래서 나무가 있는 곳으로 다가가서 피터에게 소리쳤어요.

"어이, 피터, 무슨 일이니? 어떻게 그곳에 올라갔어?"

야니의 질문에 피터는 기다렸다는 듯이 이야기하기 시작했어요.

"갑자기 진짜 늑대 한 마리가 내 쪽으로 오고 있는 거야. 나는 '늑대다!'라고 소리를 지르고 또 질렀지. 그러나 마을 사람들은 아무도 나를 도와주러 오지 않았어. 그래서 목숨을 구하려고 나무를 타고 올라왔지. 지금 나무에서 내려가면 안전할지 모르겠네."

야니는 "내가 말했잖아, 이 멍청한 놈아."라고 무심코 말을 뱉을 뻔했어요. 그때 요정이 가르쳐 준 시가 떠올랐어요.

"상대에게 책임을 돌리는 것은
매우 잘못되고 부끄러운 것이라네.
잘잘못을 따지려고 싸우기보다는
답을 다시 한번 찾아보기로 하세!"

야니는 자기가 피터 탓을 하면 어떻게 될지 생각해 보았어요. 분명 피터는 또다시 야니의 말을 제대로 듣지 않게 될 거예요. 그래서 야니는 자기가 정말 피터를 이해하려 한다는 것을 확실히 알려줘야겠다고 생각했어요. 야니는 피터가 나무에서 내려오기를 기다렸어요. 잠시 후 피터는 나무에서 내려왔고 야니는 피터에게 부드럽게 말을 걸었어요.

"피터, 네가 진짜 늑대를 보았을 때 정말 무서웠겠다. 나라도 무서웠을 거야. 나는 왜 마을 사람들이 너를 돕지 않았는지 모르겠어."

"왜냐하면 그 사람들은 성질이 나쁘기 때문이지."

피터가 씁쓸하게 말했어요. 야니는 피터가 마을 사람들 탓을 하려는 것을 알았어요. 그러나 야니는 다른 사람 탓하기를 멈추고 '가지'를 적용하는 것이 훨씬 낫다는 것을 이제 알고 있어요.

"피터, 네가 처음으로 '늑대다.'라고 소리 지른 때를 기억하니?"

"응, 기억해. 그땐 마을 사람 모두가 나를 도와주러 왔었지. 왜냐하면 나를 믿었기 때문이야."

피터가 자기에게 일어났던 일을 설명할 때, 푸기는 야니가 그 내용을 쓸 수 있도록 나뭇가지 모양을 한 작은 상자들을 준비해 주었어요. '가지' 상자 말이에요. 야니가 물었어요.

"마을 사람들이 왔다면, 그다음에 어떤 일이 일어났지?"
"나는 다시 '늑대다.'라고 소리쳤어. 그렇게 하니까 재미있었거든."
"그것이 네가 또다시 늑대라고 소리친 이유구나. 네가 그런 행동을 또다시 했다면, 그다음에 어떤 일이 일어났지?"
"음, 나는 마을 사람들이 나를 더 이상 믿지 않게 되었다고 생각해. 왜냐하면 그들이 두 번째 왔을 때도 늑대는 없었거든. 그리고 지금은 정말 늑대가 나타났는데도 그들은 오지 않았어."
피터는 가지 상자에 '그들은 다시 오려고 하지 않는다.'라고 적어 넣었어요. 그런 다음 '만약 늑대가 실제로 온다면, 나는 늑대의 저녁 식사 거리가 될 것이다.'라는 내용도 적었어요.

야니는 피터가 완성한 '부정적 가지'를 들여다보며 말했어요.
"잘 생각했네, 피터. 너는 이것과는 다른 결말을 원하지 않니?"
피터는 작게 미소 지으며 맞장구를 쳤어요.

"맞아, 나는 진짜 늑대가 나타났을 때 마을 사람들이 나를 도와주러 왔으면 좋겠어."

야니는 피터의 진심을 알 수 있었어요. 그래서 피터의 문제를 함께 해결하고 싶다는 마음이 더욱 커졌어요.

"피터야, 만약 네가 필요할 때 누군가 도와주길 원한다면 무엇을 해야 할까?"

피터는 그 질문에 대해 생각하며 이마를 찌푸렸어요. 왜냐하면 지금까지의 자기 행동을 바꾸면 또 다른 문제가 생길 것 같았

거든요.

"나는 다른 사람들을 골탕 먹이고 놀리는 것을 멈출까 생각 중이야. 그런데 내가 과연 그것을 원하는지 확신이 없어. 누가 나에게 관심을 보이는 유일한 시간이 바로 내가 다른 사람들을 골탕 먹이거나 놀리는 이야기를 할 때거든. 내가 이런 행동을 그만둔다면 나에게는 자랑할 이야깃거리가 다 없어질 거야."

야니가 피터의 생각을 정리해서 말했어요.

"너는 동시에 할 수 없는 두 가지 일 중에 하나를 선택해야만 하는구나."

야니는 푸기를 바라보았고 푸기는 조용히 고개를 끄덕여 주었어요. 야니는 피터의 문제를 풀기 위해 '구름'이 필요하다고 생각했어요.

"구름안개여, 빛의 소용돌이여, 우리가 이 문제를 올바로 풀 수 있도록 도우소서."

야니의 말에 하늘에 '구름'이 나타났고, 야니는 피터가 원하는 것을 구름 안에 적어넣었어요.

야니는 피터의 갈등에 대해 생각해 보았어요. 그리고 피터가

필요로 하는 게 무엇인지 생각해서 그것도 그 옆에 쓰려고 했어요. 그때 갑자기 푸기가 크게 헛기침을 했어요. 덕분에 야니는 푸기가 무슨 말을 하려고 하는지 알아챘어요. 이건 피터의 갈등이니 피터가 풀어야 해요.

"피터, 너는 왜 다른 사람을 골탕 먹이고 놀리려는 거야? 네가 다른 사람들을 골탕 먹여서 얻는 중요한 게 뭐지?"

"그래야 사람들이 나에게 관심을 기울여줘. 그들이 나에게 주목한다는 거지. 그런데 문제는 내가 필요로 할 때 그들이 나를 도우려 하지 않는다는 거야. 왜냐하면 그들은 나를 믿지 않기 때문이야."

야니는 피터의 말을 집중해서 듣고는 다시 물었어요.

"네가 다른 사람들을 골탕 먹이지 않아야, 네가 필요할 때 다른 사람들로부터 도움을 받을 수 있다는 거지?"

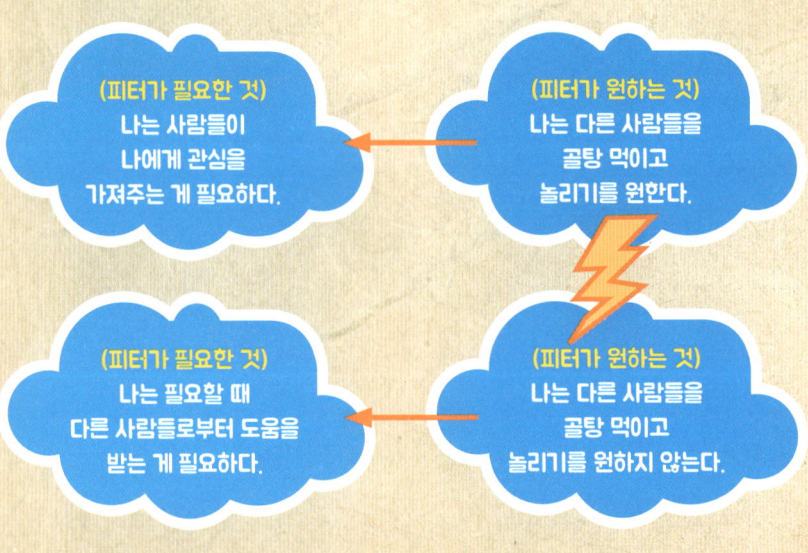

피터가 고개를 끄덕이자 야니가 구름 안에 그 말을 적었어요.

"좋아, 피터. 한 단계만 더 해 보자. 만약 네가 주목을 받고, 네가 필요할 때 다른 사람들이 너를 도와준다면 어떤 일이 일어날까?"

피터는 웃으며 "나는 행복할 거야." 하고 말하고는 '구름' 그림에 웃는 얼굴을 그려 넣었어요.

"피터, 네가 다른 사람들을 골탕 먹이고 놀리는 이야기를 해서

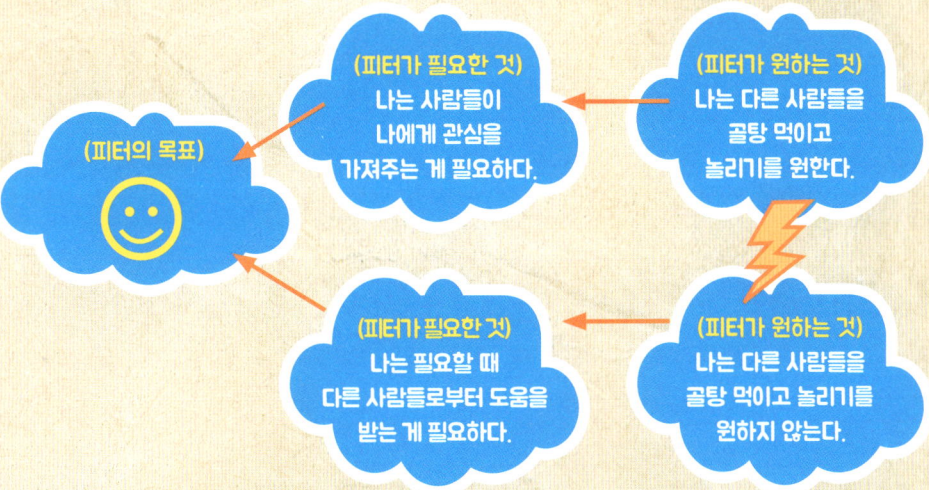

그들의 기분을 나쁘게 하는 것 말고, 사람들의 관심을 받을 수 있는 다른 방법을 생각할 수 없을까?"

피터가 잠시 생각하더니 말했어요.

"내가 좋은 결말로 끝나는 이야기를 해준다면 어떨까? 사람들을 기분 좋게 하는 이야기 말이야. 그런데 그건 내 방식이 아니야. 나는 그런 식으로 해 본 적이 없거든.

나는 좋은 결말로 끝나는 이야기를 어디에서 시작해야 할지도 모르겠어. 그런 이야기들을 하나도 모르고 말이야. 그것 말고도 좋은 결말로 끝나는 이야기는 진짜 재미없어. 어쨌든 이곳에서는 좋은 결말로 끝나는 이야기를 아무도 믿지 않을 거야. 그렇다면, 내 생각은 그냥 희망 사항에 불과한 걸까?"

야니는 피터가 포기하길 원하지 않았어요. 그래서 밝게 미소

지으며 말해 주었어요.

"음… 너에게 많은 '걸림돌'이 있는 것 같구나. 그런 걸림돌들을 극복해서 네 희망을 이룰 수 있는 길을 찾을 수 있을 거야."

야니가 푸기를 쳐다보자, 푸기가 날개를 펴서 칠판 두 개를 꺼냈어요. 나무 위에 '야심찬 목표나무' 판이 펼쳐졌어요. 맨 위에는 '나는 사람들을 기분 좋게 할 이야기를 해준다.'라고 쓰여 있었어요.

"피터, 너의 걸림돌 모두를 적어보자. 너의 희망이 이루어지는 것을 막는 것들 말이야."

피터는 야니의 말에 '걸림돌'을 하나씩 작성하기 시작했어요.

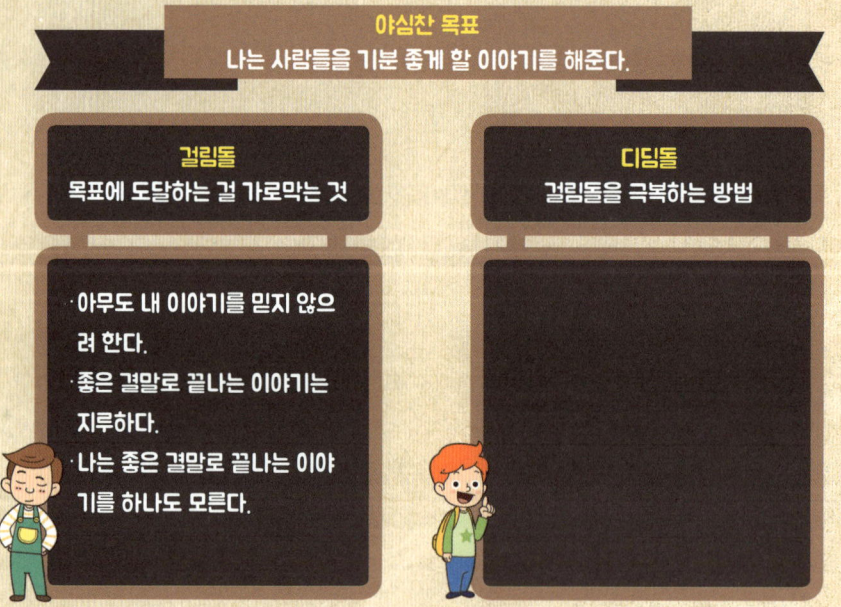

"좋아. 이것들이 나의 걸림돌들이야."

"그러면, 이러한 걸림돌들을 극복하기 위해 네가 무엇을 할 수 있을까?"

피터가 걸림돌들에 대해 골똘히 생각한 다음, 각각의 걸림돌 옆에 '디딤돌'을 천천히 적어 내려갔어요.

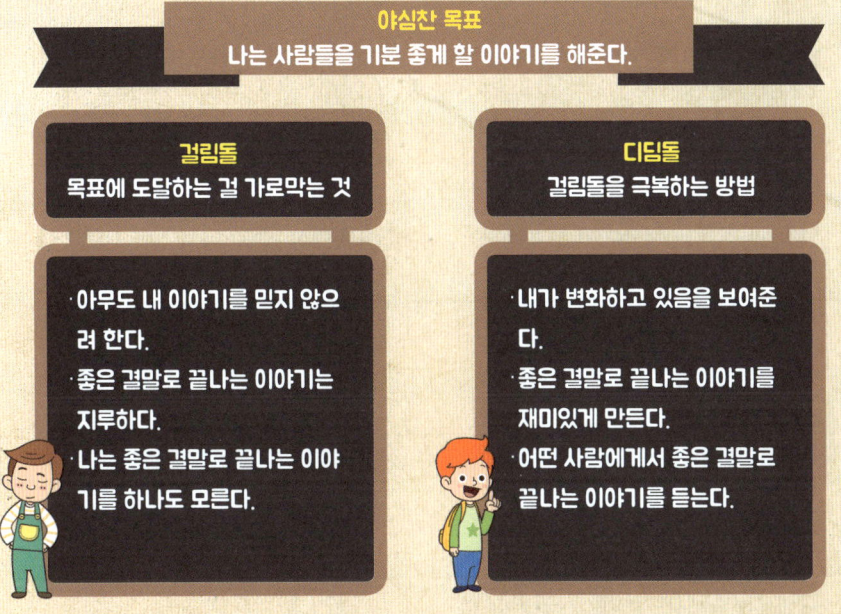

"잘했어, 피터. 그러면 이 중 어떤 것을 제일 먼저 해야 할까?"

피터는 목록에 있는 내용을 비교해 보면서 무엇을 먼저 해야 할지를 생각해 보았어요.

"나는 무엇보다 좋은 결말로 끝나는 이야기들을 좀 알 필요가 있다고 생각해. 그런데 나에게는 그런 이야기들을 말해 줄 사람이 없어."

야니는 요정이 시 낭송하듯 말했던 것이 기억나서 읊었어요.

"머리를 쓰고, 생각을 잘해서, 주변을 돌아보고, 무엇 아니면 사람을… 찾아봐!"

"야니야, 그럼 너는 그런 이야기들을 알고 있다는 뜻이니?"
"그렇긴 한데, 나는 서둘러서 헤르트 섬으로 가야 해. 네가 나와 함께 간다면 내가 아는 이야기를 해 줄 수 있어."

야니는 피터가 자신의 문제를 풀게 하려면 무엇을 해야 할지 답을 알려주는 것보다, 피터에게 질문을 던져주는 것이 훨씬 낫다는 걸 이제 알게 되었어요. 그래서 질문이 답보다 낫다는 점을 실제 생활 속에서 자신이 증명했다는 것도 깨닫게 되었어요. 야니는 푸기를 보고 윙크를 했고, 푸기는 미소를 지으며 고개를 끄덕였어요. 푸기는 야니에게 물음표 모양의 마지막 열쇠를 건넸어요. 그리고는 나무가 우거진 곳으로 조용히 날아갔어요.

"있잖아, 피터. 내 이야기들은 모두 내 목표 때문에 시작된 거야. 너처럼 나에게도 믿을 수 없을 정도로 힘든 '걸림돌'들이 있었어. 그런데 걸림돌을 하나씩 극복할 때마다 좋은 결말을 가진 '디딤돌'을 만나게 되었지."

"정말이야? 그것 좀 설명해 줄 수 있어? 흥미롭게 들리긴 하지만, 어쩐지 불가능한 얘기일 것 같은데."

피터는 야니의 말을 믿기 어려워했지만, 야니는 빙그레 미소를 지었어요.

"음, 나도 전에는 그렇게 생각했어. 이 모든 일은 내 고향 섬에서 시작됐어. 요안나 여왕님이 납치되었지만, 아무도 요안나 여왕님을 구출하기 위해 답을 찾으려고 도전하지 않았어."

1. 진 사람 없이 모두가 이기려면 어떻게 해야 할까?
2. 소원을 이루려면 어떻게 해야 할까?
3. 나의 미래를 바꾸려면 어떻게 해야 할까?
4. 왜 질문이 답보다 좋은 걸까?

생각 페이지
'가지', '구름', '야심찬 목표나무'를 이용해 스스로 생각하기

피터는 '늑대다.'라고 소리치는 것 같이 다른 사람들을 골탕 먹이고 놀리기를 좋아했어요. 피터가 그렇게 하면 안 된다는 것을 깨닫게 하기 위해 야니는 어떻게 하였나요?

_____

_____

_____

피터는 다른 사람들을 골탕 먹이고 놀리는 것을 멈춰야겠다고 생각했어요. 그런데 그게 쉽지 않다는 것을 알고 고민에 빠졌어요. 야니는 피터가 '구름'을 이용해 고민을 해결할 수 있도록 질문들을 던졌지요. 피터가 '원하는 것 ①, ②'와 '필요한 것 ③, ④' 그리고 '목표 ⑤'에 대해 적어보세요.

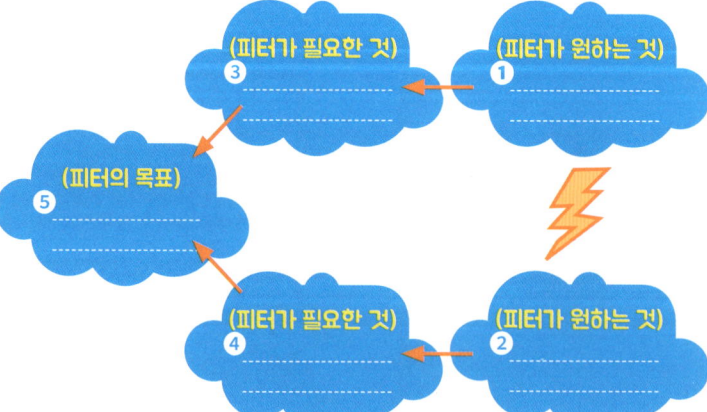

 피터는 앞의 구름에서 다른 사람들을 골탕 먹이고 놀리지 않으면서도 자기가 필요한 것 두 가지(③, ④)를 모두 만족시킬 수 있는 해결책으로 어떤 아이디어를 생각해냈나요?

 피터에게는 '사람들을 기분 좋게 할 이야기를 해준다.'는 목표가 쉽지 않아 보였어요. 피터가 '야심찬 목표나무'를 이용해 이 목표를 달성할 수 있도록, 야니는 피터에게 질문을 던졌지요. 피터가 그린 '야심찬 목표나무'에서 '걸림돌'과 '디딤돌'을 적어보세요.

야심찬 목표
나는 사람들을 기분 좋게 할 이야기를 해준다.

걸림돌
목표에 도달하는 걸 가로막는 것

디딤돌
걸림돌을 극복하는 방법

15. 내 앞에 놓인 문제를 두려워할 필요가 없어

네 가지 질문에 대한 열쇠를 모두 얻은 야니는
요안나 여왕을 구출하러 가기 위해 피터와 작별 인사를 나눈다.
자신의 목표를 성공적으로 이룬 야니, 앞으로 어떤 새로운 목표를 세우게 될까?

 야니와 피터는 바닷가로 갔어요. 그곳으로 함께 걸어가면서 야니는 그동안 자신이 목표를 어떻게 성취했는지 이야기를 들려주었어요. 야니와 피터는 함께 바다를 바라보았어요.
 "피터, 재미난 것은 내가 너랑 부딪혔던 문제 덕분에 마지막 질문에 대한 답을 알게 되었다는 거야."
 바다 건너편, 수평선 쪽에 헤르트 섬이 보였어요. 피터는 야니가 방금 말한 것에 대해 깊이 생각했어요. 야니가 말했어요.
 "나는 문제를 두려워하지 않아야 한다는 걸 배웠어. 나의 실수를 인정하는 것까지 말이야. 피터, '문제'는 너의 미래를 바꿀

'기회'가 될 수 있어. 만약 네가 그것으로부터 배울 수 있다면 말이야. 내가 너에게 했던 실수에서 배운 것처럼 말이지."

"야니야, 네가 갖고 있던 문제 때문에 네가 필요한 열쇠를 얻게 되었다는 게 대단해. 지금 너는 필요한 열쇠와 답을 모두 갖고 있는 거야?"

"맞아. 나는 요안나 여왕님을 구출하는 데 필요한 답을 다 갖고 있어. 그렇지만 답을 얻고 나서 나는 오히려 더 많은 질문이 생겼어."

"답을 얻었는데 질문이 더 많이 생겼다고? 어떤 질문이야?"

"예를 들면 요안나 여왕님을 구출한 뒤에 나는 무엇을 해야 할까, 같은 거지. 어쩌면 푸기가 좋은 아이디어들을 갖고 있을지 몰라."

그제야 야니는 푸기가 자신의 어깨 위에 앉아 있지 않다는 걸 깨달았어요. 푸기는 숲 앞에서 야니와 피터를 바라보고 있다가 "안녕, 잘 가!"하고 인사한 후 숲으로 날아갔어요.

"야니, 푸기는 우리와 함께 가지 않는 거야?"

"응, 푸기는 우리와 같이 가지는 않아. 요정님은 내가 요안나 여왕님을 구출하는 데 필요한 것을 이해하게 될 때까지만 푸기가 나랑 같이 있을 거라고 하셨어. 이제는 내가 스스로 가야 할 시간이 되었어."

"그럼 너는 나를 여기 내버려 두고 갈 거야?"

야니는 피터의 말을 들으면서, 자신이 요정에게 같은 말을 했던 때가 떠올랐어요. 아주 오래전 같았어요.

"야니, 너는 정말 내 말을 귀담아듣고 내가 변화할 수 있도록 도와준 유일한 친구야."

야니는 자신이 같은 말을 귀뚜라미에게 한 적이 있다는 것이 떠올라서 미소를 지었어요. 이제 야니는 무엇을 해야 할지 알고 있어요. 야니는 주머니에서 피리를 꺼내 피터에게 주었어요.

"만약 네가 어떻게 풀어야 할지 모르는 문제를 만나서 도움이 필요하면, 이 피리를 불어. 그러면 너는 필요한 도움을 모두 얻게 될 거야."

"너는 그럼 더 이상 도움이 필요 없다는 거니?"

피터가 걱정스럽게 물었어요.

"나는 앞으로도 사람들 도움이 필요할 거야. 사실 나 혼자라면 요안나 여왕님을 구출할 수 없었겠지. 나는 이번 모험으로 많은 걸 배웠어. 나의 말을 진심으로 들어주면서 도와준 귀뚜라미와 모검, 마겟 도우미 요정님, 푸기와 같은 친구들이 있었고, 그들의 도움으로 문제를 풀면 엄청 재미있고 좋은 결과를 낼 수 있다는 점도 알았어. 협곡을 건너는 다리를 만들었을 때처럼 말이야.

피터야, 너도 너를 돕는 사람들로부터 많은 것을 배울 수 있어. 사실, 나는 요정님이 나에게 보내주신 모든 친구로부터 배운 것 이상으로 너에게서 배웠다고 생각해. 그래서 나는 피리가 더 이상 필요하지 않아."

"야니, 너 진짜 선생님같이 보인다."

"정말이야? 왜 그렇게 생각해?"

"음, 네가 진짜 지혜롭게 보이거든. 난 네가 지금까지 가르쳐 준 '생각도구'들을 적용하고 싶어. 네가 나와 함께 있으면서 도와준다면, 나는 진짜 새로운 사람이 될 수 있을 텐데…."

"생각도구들을 적용하는 데 너는 내 도움이 필요하지 않아. 너는 그것들을 혼자 힘으로 적용할 수 있어. 모든 게 너에게 달렸어, 피터."

"야니, 너는 요안나 여왕님을 구출한 후에 생각도구를 적용하는 법을 계속 가르칠 거니? 분명 너를 필요로 하는 왕국들이 무척 많을 거야."

피터의 말에 야니는 진심으로 놀랐고 기대감에 가슴이 부풀어 올랐어요.

"와! 정말 그렇게 할 수 있다면… 그거 대단한 목표인데!"

피터는 야니와 헤어지는 것이 두려웠어요. 야니 없이 잘 해낼 수 있을지 자신이 없었어요. 야니는 피터의 등을 따뜻하게 감싸 안았어요. 피터의 질문으로 야니는 그 전에 전혀 꿈꾸지 못했던 '새로운 도전'을 깨닫게 되었거든요.

야니는 헤르트 섬으로 가기 위해 뗏목에 올라탔고, 피터가 다시 말했어요.

"맞아, 다른 사람들을 가르친다는 건 아주 커다란 목표야. 그렇지만 너는 그것을 이루는 데 도움을 줄 생각도구들이 있잖아. 너의 소원은 분명히 이루어질 거야."

"고마워, 피터! 나는 먼저 요안나 여왕님을 구출하겠다는 소원부터 이루려고 해."

야니가 지금까지의 모험으로 얻었던 열쇠 네 개를 들어 올렸어요. 그리고는 그것들을 주머니에 소중하게 넣었어요.

"우선 요안나 여왕님을 구출한 후에, 내가 배운 생각도구들을 다른 왕국들에 가서 가르친다는 네 아이디어에 대해 생각해 볼게. 그렇게 된다면 내 앞날은 더욱 멋지게 바뀌게 될 것 같아!"

피터가 뗏목을 바다로 밀어주었어요. 두 사람은 "안녕!"이라고 외치며 손을 흔들었어요. 야니는 자신의 목표를 성취했다는 뿌듯함에 가득 차서 헤르트 섬을 향해 나아갔어요.

건너편 바닷가에 이르러 야니는 모래사장에 서 있는 요안나 여왕을 발견했어요. 요안나 여왕은 자신을 구하러 온 야니에게 정말 고마워했어요.

"야니 군, 그대 덕분에 나는 이제 자유롭게 되었네! 네 가지 열쇠를 모두 모아 내가 왕국으로 돌아갈 수 있도록 해 준 그대에게 감사하네. 나는 할 일이 너무 많거든. 그런데 내가 그대가 겪은 일들을 들어보니 앞으로 그대도 할 일이 많을 것 같군!"

야니의 모험은 여기에서 끝나지 않았어요. 야니의 이야기는 이제 시작일 뿐이에요.

★★★★★

아주 오랜 시간이 흘렀어요. 한 할아버지가 바닷가를 거닐고 있었어요. 그때 작은 뗏목에 앉아 있는 소녀가 보였어요. 소녀는 무엇을 해야 할지 모르는 듯 난감한 표정을 하고 있었지요. 할아버지는 소녀에게 다가갔어요.

"얘야, 무슨 문제가 있는 것 같구나. 너는 이 뗏목을 타고 어디를 가야 할지 말지를 정하려는 거지?"

"예, 저는 바다 건너 탐험을 해야 할지 말지를 결정하려고 해요."

"내가 도움이 될 수 있을지 모르겠다."

"예, 물론이죠. 지팡이 좀 빌려주실 수 있으세요?"

예상하지 못한 부탁에 할아버지는 당황했지만, 소녀에게 지팡이를 건네주었어요. 소녀는 몸을 숙여 모래 위에 무언가 쓰기 시작했어요.

나는 바다를 건너가길 원한다.

나는 바다를 건너가길 원하지 않는다.

"너 그렇게 생각하는 법을 어디에서 배웠니?"

"아, 제가 읽고 있는 책에서요. 좀 보시겠어요?"

할아버지는 소녀가 건넨 책을 바라보았어요. 책 제목은 〈피터가 전하는 야니의 모험 이야기〉였어요. 할아버지는 책의 표지 그림을 보고 미소를 지었어요. 바닷가에서 'TOC'라는 팻말 옆에 서 있는 야니의 모습이 그려져 있었어요. 어릴 때 자기 모습이었어요.

생각 페이지
계속해서 도전하기

야니는 피터에게 네 가지 질문에 대한 답을 찾아가면서 자신이 배운 걸 말해 주었어요. 그것은 무엇인가요?

모험을 마칠 때 야니는 어떠한 사람으로 바뀌었나요? 어떻게 그렇게 바뀔 수 있었나요?

야니는 요안나 여왕을 구출해서 자신의 목표를 이루었어요. 야니에게는 또 다른 도전이 생겼어요. 그것이 무엇인가요? 야니의 꿈은 이루어졌을까요?

마침내 자신의 목표를 이룬 야니처럼, 여러분은 마음속에 품은 '목표'가 있나요? '구름', '가지', '야심찬 목표나무' 생각도구를 어떻게 사용하면 목표를 이룰 수 있을까요?

생각페이지
해설

생각 페이지
목표를 이루기 위한 네 가지 질문

 야니는 어떤 사람인가요?

야니는 호기심이 많지만,

무엇을 할지 결정할 때 친구들의 말을 잘 따르는 사람.

야니가 요안나 여왕을 구출하기 위해
풀어야 할 네 가지 질문은 무엇인가요?

1. 진 사람 없이 모두가 이기려면 어떻게 해야 할까?
2. 소원을 이루려면 어떻게 해야 할까?
3. 나의 미래를 바꾸려면 어떻게 해야 할까?
4. 왜 질문이 답보다 좋은 걸까?

 친구들은 여왕을 구하고 싶어 하는 야니에게
어떻게 말했나요?

네 문제 모두 정답을 맞히기 어렵고,

야니 혼자서 문제 해결을 하지 못할 거라고 말했다.

여왕을 꼭 구하고 싶어 모험을 떠난 야니처럼 뭔가를 꼭 해야겠다고 결심한 적이 있나요? 어떤 결심을 했고 그때 어떤 마음이 들었나요?

(예시) 태권도 검은 띠를 꼭 따야겠다고 결심했다.

잘할 수 있을지 걱정했다.

생각 페이지
'구름' 생각도구를 이용해 고민 이해하기

 바다 건너 섬에 도착한 야니는 어떤 고민을 하게 되었나요?
아래의 구름 ①과 ②에 그것을 적어보세요.

 야니에게 진짜 '필요한 것' 두 가지는 무엇이었나요?
아래의 구름 ③과 ④에 그것을 적어보세요.

 야니는 이 두 가지 '필요'를 모두 얻을 수 있다면 어떻게 될 거라고
생각했나요? 아래의 구름 ⑤에 그것을 적어보세요.

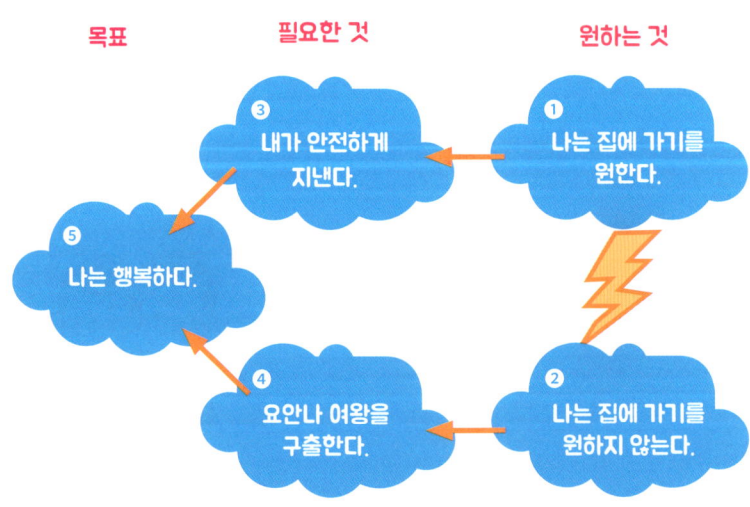

 야니는 할아버지와의 대화를 통해서, 어떻게 해야 할지 모르는 고민이 있을 때 잘 결정할 방법이 있다는 걸 깨닫게 되었어요. 그것은 무엇인가요?

나의 필요가 무엇인지를 알고

그 필요를 모두 만족시키는 길이 무엇인지 생각해야 한다.

생각 페이지

내가 '원하는 것'에서 내가 진짜 '필요한 것'을 찾아보기

야니가 돌아가서 자기 친구들을 데려오기를 원하는 건, 어떤 필요 때문인가요? 아래 ①에 적어보세요.

(필요한 것)
❶ 나는 함께 의논할 사람이 필요하다.

← (원하는 것)
나는 돌아가서 친구를 데려오길 원한다.

야니가 돌아가서 자기 친구들을 데려오지 않으려는 건, 어떤 필요 때문인가요? 아래 ②에 적어보세요.

(필요한 것)
❷ 나는 스스로 문제를 해결하는 법을 배우는 게 필요하다.

← (원하는 것)
나는 돌아가서 친구를 데려오길 원하지 않는다.

야니가 요안나 여왕을 구하기 위해 진짜 '필요한 것' 두 가지를 다음 페이지의 ①, ②에 적어보세요.

 요정과의 대화를 통해서 야니는 목표를 이루기 위해 필요한
①, ②를 만족시킬 해결책을 찾았어요.
그것을 별 ③에 적어보세요.

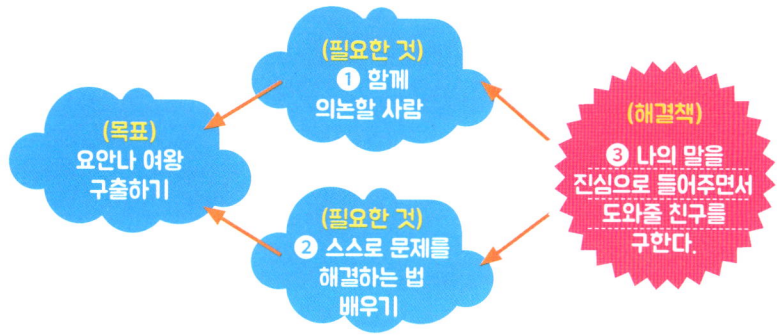

 친구와 사이좋게 지내기 위해서 친구를 자주 만나려고 할 때
내가 진짜 '필요한 것'과 '원하는 것'을 구분해서 말해 보세요.

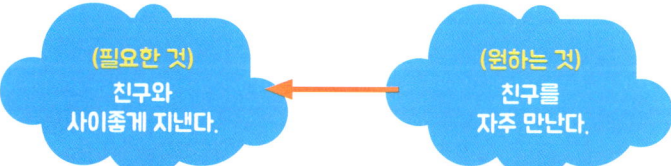

생각 페이지
정승과 올리버의 갈등을 해결하는 방법

 〈벌거벗은 임금님〉의 정승이 '필요한 것' 두 가지를
구름 ①, ②에 적어보세요.

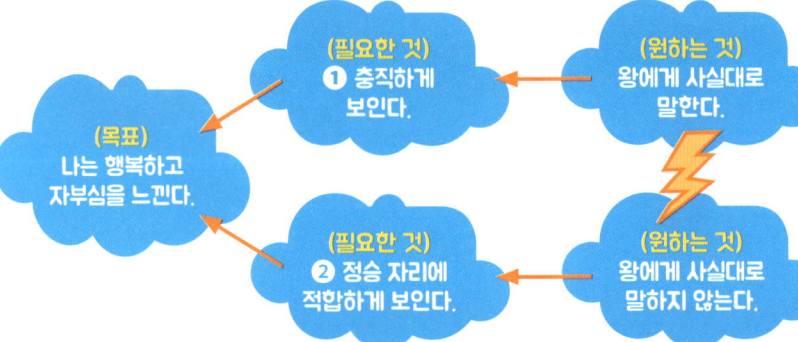

 야니가 생각해낸 정승의 '필요' 두 가지를
모두 만족시키기 위한 '해결책'을 별 ③에 적어보세요.

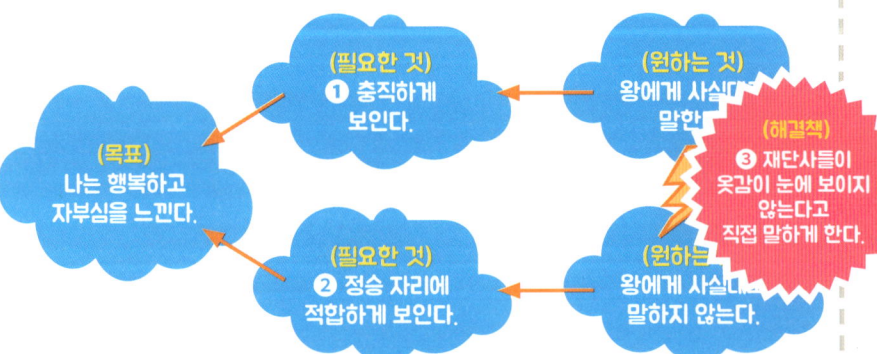

 〈올리버 트위스트〉의 올리버가 '필요한 것' 두 가지를 구름 ①, ②에 적어보세요.

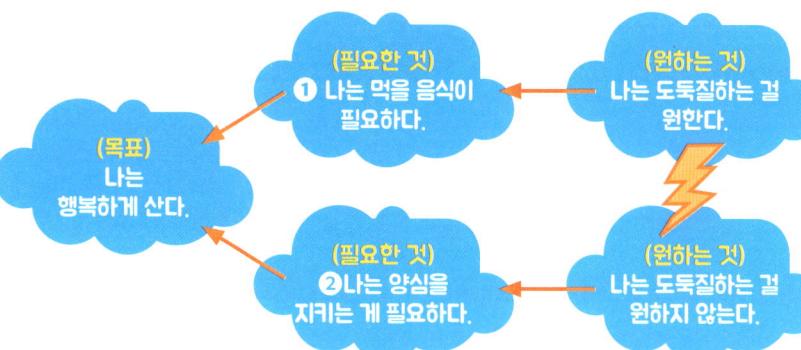

 야니가 생각해낸 올리버의 '필요' 두 가지를 모두 만족시키기 위한 '해결책'을 별 ③에 적어보세요.

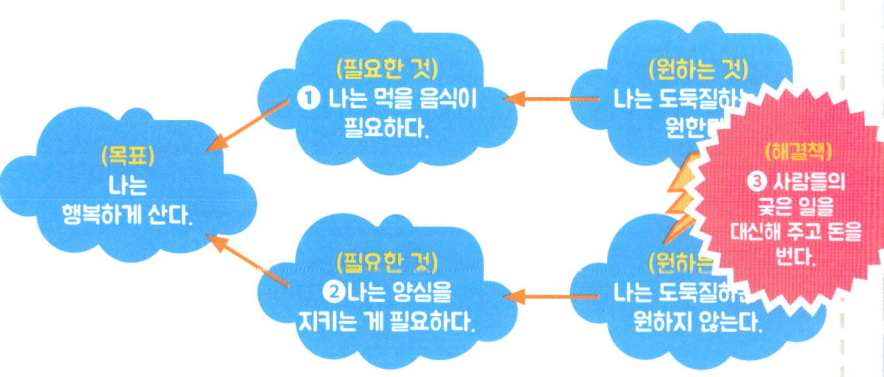

생각 페이지
친구와 다투지 않고 문제 해결하는 방법을 찾아보기

- 엘프 모씨와 던카가 각각 '원하는 것'을 구름 ①과 ②에 적어보세요.

- 엘프 모씨와 던카가 각각 '필요한 것'을 구름 ③과 ④에 적어보세요.

- 엘프 모씨와 던카가 각각의 '필요'를 이루게 되면 두 엘프는 어떤 '목표'를 달성하게 되는지 구름 ⑤에 적어보세요.

- 엘프 모씨와 던카가 각각의 '필요'를 모두 이루기 위한 해결책 두 가지를 별 ⑥에 적어보세요.

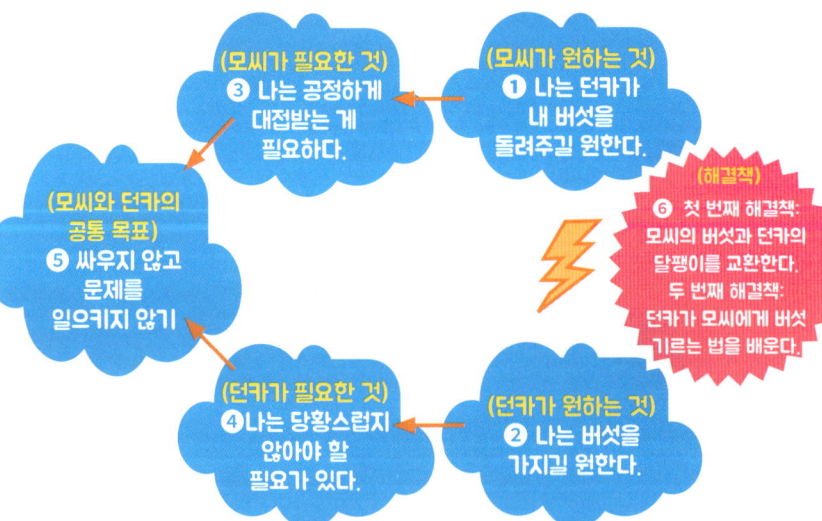

 야니는 '진 사람 없이 모두가 이기려면 어떻게 해야 할까?'라는
첫 번째 질문에 대해 어떠한 깨달음을 얻게 되었나요?

구름 도구를 이용해 각자의 필요를 만족시킬 수 있는

해결책을 찾는다면, 승자만 있고 패자는 없게 할 수 있다.

 나는 친구와 함께 방과 후에 운동장에서 축구를 했습니다.
그런데 친구는 미세먼지가 심하니 안전을 위해
오늘 하루 축구를 쉬자고 합니다. 나는 축구를 하는 것이
너무 재미있어 오늘도 친구와 축구를 하고 싶습니다.
내가 '원하는 것'과 '필요한 것'은 무엇이고, 친구가 '원하는 것'과
'필요한 것'은 무엇인가요? 나와 친구 사이의 '공통 목표'는
무엇이라고 할 수 있을까요?
그리고 서로가 만족하는 '해결책'도 찾아보세요.

(예시)

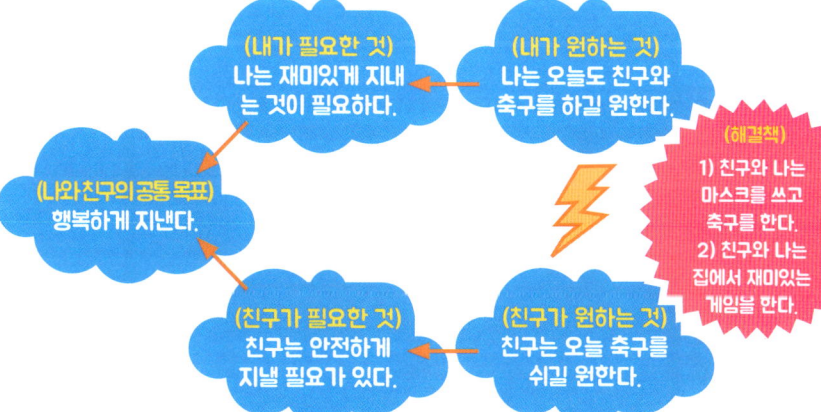

생각 페이지
'걸림돌'을 찾고 '디딤돌'로 극복하기

 야니가 협곡을 건너는 것을 가로막는 '걸림돌'은 무엇인가요?

걸림돌
목표에 도달하는 걸 가로막는 것

협곡을 건널 다리가 없다.

나는 날거나 건너뛸 수 없다.

귀뚜리는 내게 도움이 되기에 너무 작다.

다리를 만드는 데 쓸 재료가 없다.

 야니가 협곡을 건너기 위해서 위의 걸림돌들을 어떻게 극복할 수 있었나요? 극복하는데 필요한 '디딤돌' 네 가지를 순서대로 적어보세요.

디딤돌
걸림돌을 극복하는 방법

4. 협곡을 건널 수 있는 다른 길을 찾는다.

3. 협곡을 건널 다리를 만든다.

2. 다리를 만들 수 있을 만한 재료를 찾는다.

1. 나를 도와줄 누군가를 찾는다.

 야니가 '협곡을 건너기'라는 목표를 달성할 수 있었던 두 가지 이유는 무엇일까요?

계획을 세울 때 문제를 잘게 쪼개어 단계별로 해결하기,

다른 사람의 도움과 아이디어 받아들이기

 만만치 않은 목표를 만나 힘들었던 적이 있었나요? 그때 어떻게 했으면 좋았을까요? 그렇게 했다면 어떤 결과가 나타났을까요?

목표 달성을 어렵게 하는 걸림돌들을 찾고 각 걸림돌을 극복할 수 있

는 디딤돌을 구한 뒤에, 디딤돌들을 어떤 순서로 하면 좋을지 생각해

본다. 그러면서 다른 사람들의 아이디어를 물어본다. 그러면 목표를

훨씬 쉽게 이룰 수 있을 것이다.

생각 페이지
'야심찬 목표나무' 생각도구를 이용해 스스로 생각해 보기

 야니가 협곡을 건넌 후 '요안나 여왕을 구출한다'라는 목표를 이루는 데 방해가 된다고 생각한 '걸림돌'은 무엇이었나요?
아래 '야심찬 목표나무' 그림에서 걸림돌을 적어보세요.

 이러한 걸림돌들을 극복하는 데 필요한 '디딤돌'은 무엇이었나요?
아래 '야심찬 목표나무' 그림에서 디딤돌을 적어보세요.
이 때 디딤돌을 먼저 해야 할 순서대로 적어보세요.

야심찬 목표_요안나 여왕을 구출한다

걸림돌 목표에 도달하는 걸 가로막는 것	디딤돌 걸림돌을 극복하는 방법
• 나는 다른 질문들에 대한 답을 모른다. • 나는 어떤 길로 가야 할지 모른다. • 귀뚜리는 떠날 것이고, 나를 도와줄 사람은 아무도 없다. • 나는 모든 걸림돌을 다 알지 못한다.	4. 모든 질문에 대한 답을 알아낸다. 3. 빠진 걸림돌들을 찾아서 걸림돌 목록에 추가한다. 2. 지도 읽는 법을 배운다. 1. 나를 도와줄 사람을 찾는다.

야니가 모검과 마겟 도우미 요정들에게
꼭 배우고 싶다고 말한 것은 무엇인가요?

스스로 생각하는 법

영희는 장래 희망이 '연기를 잘하는 배우가 되는 것'이에요.
여러분이 영희라면 어떻게 목표를 달성할까요?
'야심찬 목표'와 '걸림돌', '디딤돌'을 사용해서 말해 보세요.

야심찬 목표_연기를 잘하는 배우가 되기

걸림돌(예시) 목표에 도달하는 걸 가로막는 것	디딤돌(예시) 걸림돌을 극복하는 방법
• 연기를 잘하는 방법을 모른다. • 사람들이 나를 바라보면 말을 더듬는다. • 교양 지식이 충분하지 않다.	• 연기를 가르쳐 주는 학원에 간다. • 자신감을 갖고 말하는 연습을 한다. • 교양서적을 많이 읽는다.

생각 페이지
해야 할 일을 체계적으로 하는 방법 배우기

 방 청소를 하려고 하는 샐리가 가지고 있는 '걸림돌'은 무엇인가요?

걸림돌
목표에 도달하는 걸 가로막는 것

- 침대가 정돈되어 있지 않다.
- 테이블에 먼지가 쌓여 있다.
- 휴지통이 차 있다.
- 방바닥에 끈적한 것이 묻어 있다.
- 침대 밑에 물건들이 있다.
- 장난감과 옷들이 온통 널려 있다.

 샐리가 엄마와 함께 찾아낸 '디딤돌'은 무엇이었나요? 그것들을 먼저 해야 할 순서대로 적어보세요.

디딤돌
걸림돌을 극복하는 방법

6. 침대를 정돈한다.
5. 테이블 먼지를 턴다.
4. 휴지통을 비운다.
3. 끈적한 것을 깨끗이 없앤다.
2. 침대 밑에 있는 것들을 치운다.
1. 장난감과 옷들을 주워서 정리한다.

지민이는 저녁 먹기 전에 숙제를 다 하겠다고 스스로 다짐했어요.
이 다짐을 지키고 싶은데, 오늘따라 숙제가 어렵고, 몸이 피곤해요.
그런데 친구 철수는 휴대폰 게임을 하자고 해요.
지민이가 스스로의 다짐을 지키기 위해 어떻게 하면 좋을지
'야심찬 목표'와 '걸림돌', '디딤돌'을 사용해서 적어보세요.
이 때 디딤돌을 해야 할 순서대로 적어주세요.

야심찬 목표 _ 저녁 먹기 전까지 숙제를 끝내기

걸림돌(예시) 목표에 도달하는 걸 가로막는 것	디딤돌(예시) 걸림돌을 극복하는 방법
• 숙제 문제를 어떻게 풀지 잘 모르겠다. • 몸이 피곤하다. • 철수가 휴대폰 게임을 하자고 한다.	3. 풀 수 있는 문제를 풀고 어려운 문제를 표시해서 엄마에게 물어본다. 2. 잠시 휴식을 가진다. 1. 철수에게 휴대폰 게임을 저녁 식사 후에 하자고 말한다.

생각 페이지
처음에 어렵게 보이는 과제를 어떻게 해결할 수 있을까?

조쉬는 친구 사라의 생일 파티에서 보물찾기를 잘 하기 위한 방법을 엄마와 이야기했어요. 보물 지도를 읽을 줄 모르는 조쉬의 '걸림돌'은 무엇인가요?

걸림돌
목표에 도달하는 걸 가로막는 것

- 나는 내가 지도 위 어디에 있는지 모른다.
- 나는 이 웃기게 생긴 기호들이 무엇을 말하는지 모른다.
- 나는 지도 사용법을 모른다.
- 나는 보물을 발견하기 위해 어느 길로 가야 할지 모른다.

조쉬가 엄마와 함께 찾아낸 '디딤돌'은 무엇이었나요? 그것들을 먼저 해야 할 순서대로 적어보세요.

디딤돌
걸림돌을 극복하는 방법

4. 지도를 이용하여 보물이 있는 곳으로 가는 길을 알아낸다.
3. 지도에서 길을 찾아내는 데 내가 아는 곳들을 이용한다.
2. 내가 지도 위 어디에 있는지 안다.
1. 범례를 이용하여 기호들의 의미를 안다.

218　내가 꿈꾸는 목표를 이루고 싶어

조쉬가 '야심찬 목표나무' 도구를 통해 배운 것은 무엇인가요?

무슨 일이든지 하기 전에 어떻게 할지를 먼저 생각해 보기

학교 선생님께서 '우리 동네 문화유산'을 답사하고 2주 내에 보고서를 쓰라는 숙제를 내주셨어요. 우리 동네에 어떤 문화유산이 있는지 몰라 답답한데, 어떻게 하면 좋을지를 '야심찬 목표'와 '걸림돌', '디딤돌'을 사용해서 정리해보세요. 이때 디딤돌을 해야 할 순서대로 적어주세요.

야심찬 목표
2주 내에 우리 동네 문화유산 답사 보고서 쓰기

걸림돌(예시) 목표에 도달하는 걸 가로막는 것	디딤돌(예시) 걸림돌을 극복하는 방법
· 문화유산이란 말뜻을 잘 모른다. · 우리 동네에 어떤 문화유산이 있는지 모른다. · 어떻게 그곳으로 가야 할지 모른다. · 언제 문화유산을 관람할 수 있는지 모른다. · 답사 보고서 내용이 준비되어 있지 않다. · 2주 동안 할 일이 너무 많다.	6. 문화유산을 답사하여 보고서 내용을 준비한다. 5. 2주 동안 내가 할 일을 조절하여 답사 시간을 낸다. 4. 알아낸 문화유산을 관람할 수 있는 시간을 알아본다. 3. 알아낸 문화유산의 이름을 인터넷 지도로 검색해서 위치를 알아본다. 2. 우리 동네에 어떤 문화유산이 있는지 인터넷으로 검색하거나, 책을 보고 알아본다. 1. 문화유산이란 말뜻을 인터넷으로 검색해서 알아본다.

생각 페이지
새로운 '걸림돌'이 나타났을 때 어떻게 해야 할까?

 동굴 마을에서 바위가 굴러떨어져 아리스톤을 덮쳤어요.
아리스톤을 구하고 싶은 동굴 사람들 앞에 놓인 '걸림돌'은 무엇일까요?

걸림돌
목표에 도달하는 걸 가로막는 것

- 우리는 바위를 들어 올리기에 너무 작다.
- 바위는 너무 무겁다.
- 우리는 그것을 어떻게 할지 모른다.
- 우리에게 바위를 움직일 도구가 없다.

 이러한 '걸림돌'을 극복하기 위해서 필요한 '디딤돌'은 무엇일까요?
그것들을 먼저 해야 할 순서대로 적어보세요.

디딤돌
걸림돌을 극복하는 방법

4. 무언가로 바위를 들어 올린다.
3. 바위를 들어 올리기 쉽게 한다.
2. 도구를 만든다.
1. 바위를 들어 올릴 방법을 찾는다.

야니와 동굴 사람들은 '디딤돌' 목록에 정리한 대로 손수레와 막대를 이용해서 바위를 들어 올리기로 했어요. 그러나 동굴 사람들이 서로 막대 위로 올라가려고 다투다 실패하고 말았어요. 새롭게 나타난 '걸림돌'에 대해 야니가 찾은 새로운 '디딤돌'은 무엇인가요?

한 팀이 되어 일한다는 것을 기억한다.

이처럼 예상치 못했던 '걸림돌'이 나타났을 때 어떻게 해야 할까요?

걸림돌 목록에 새로운 걸림돌을 추가하고,
어떻게 해결해야 할지 방법을 생각한 다음에 디딤돌 목록에 추가한다

야니는 소원을 이루기 위해서 어떻게 하면 된다는 걸 깨달았나요?

'야심찬 목표나무' 도구를 사용하여 소원을 이루기 위한 계획을 세운다.

생각 페이지
'가지' 생각도구를 이용해 보다 나은 결과를 생각해 보기

발을 다친 야니가 피터 탓을 하자
요정은 야니에게 시를 읽어주었어요. 그 시의 뜻을 적어보세요.

상대에게 책임을 돌리는 것은 잘못된 것이니까

잘잘못을 따지며 싸우기보다 답을 찾아보자.

'피터가 야니에게 골탕을 먹인다.'에서 시작하여 '야니가 바위를 차서 발을 다친다.'라는 안 좋은 결과가 어떻게 나타나게 되었는지 알아보기 위해 야니가 적었던 대로 '부정적 가지'의 빈 상자를 채워보세요.

- 나는 너무 화가 나 바위를 차서 발을 다친다.
- 피터가 또 내 흉을 보고 가버린다.
- 나는 피터가 무엇을 잘못하고 있는지 말한다.
- 피터가 나를 멍청이라고 놀린다.
- 나는 피터의 흉을 본다.
- 피터의 흉을 보는 것이 나의 화를 풀 수 있는 유일한 길이다.
- 나는 화가 난다.
- 피터가 나에게 골탕을 먹인다.

 '피터가 야니에게 골탕을 먹인다.'고 했더라도, '야니가 기분이 좋아진다.'라는 좋은 결과를 얻기 위해 야니는 어떤 생각을 하였나요? 그것을 알아보기 위해 야니가 적었던 대로 '긍정적 가지'의 빈 상자를 채워보세요.

나는 기분이 좋아진다.

나는 그것에 관해 이야기할 친구를 찾는다.

나는 화가 난다.

피터가 나에게 골탕을 먹인다.

 야니는 요안나 여왕을 구출하기 위해 필요한 세 번째 질문에 대한 열쇠를 얻었어요. '나의 미래를 바꾸려면 어떻게 해야 할까?'에 대한 답은 무엇인가요?

내 행동을 깊게 생각하게 해 주는 가지(부징직 가지, 긍성석 가지)를 이용한다. 그러면 좀 더 좋은 결말을 기대할 수 있다.

 형철이는 손 씻기를 싫어합니다. 그래서 형철이가 독감에 걸렸고 며칠 동안 열이 났습니다. 그래서 병원에 가서 치료를 받았습니다. 형철이의 이야기를 바탕으로 '가지'의 빈 상자를 채워보세요.

생각 페이지
문제가 생겼을 때 원인을 찾아 문제를 해결하는 방법

 〈이솝우화〉의 '소년과 호두' 이야기에서 소년에게 일어난 일을 원인-결과에 맞게 써보세요.

- 소년은 울음보를 터뜨렸다.
- 소년의 손이 항아리에서 빠지지 않았다.
- 소년이 호두를 한 줌 가득 손에 쥐었다.
- 소년은 호두를 좀 먹고 싶다고 생각했다.
- 소년은 호두 항아리를 발견했다.

 위의 가지 그림에서 소년에게 처음으로 문제가 발생한 곳은 어느 상자일까요? 또 그 문제가 발생한 이유는 무엇일까요?

문제가 발생한 곳 - '소년의 손이 항아리에서 빠지지 않았다.'라는 상자

문제가 발생한 이유 - 소년이 욕심을 부려 호두를 너무 많이 집어서.

소년의 엄마는 항아리에서 손을 빼지 못하는 소년에게 어떤 말을 해 주었나요?

너무 욕심내지 말고 두세 개만 집으면 손을 빼는 데 문제가 없을 거야.

푸기가 야니에게 설명해 준 '교훈'이란 말의 뜻은 무엇이고, 〈이솝우화〉의 '소년과 호두' 이야기의 교훈은 무엇인가요?

교훈의 뜻 - 삶에 대한 가르침

소년과 호두 이야기의 교훈 - 욕심을 내는 건 좋지 않다. 욕심을 내면 문제가 생긴다.

'가지' 도구를 어떻게 사용하면 좋을까요?

일이 왜 잘못되었는지 원인을 찾아서, 잘못 생각한 것을 바꿀 때 사용한다. 그러면 결말을 좋게 만들어서 문제를 해결할 수 있다.

생각 페이지
'스스로 생각하는 법'을 배우기

 사람은 누구나 실수할 수 있어요. 하지만 실수는 우리에게 중요한 점을 가르쳐주기도 합니다. 야니와 푸기는 그것을 무엇이라고 생각했나요?

실수로부터 배운 것을 적용하면 미래에 더 나은 결정을 할 수 있다. 즉, 미래를 바꿀 수 있다.

 야니는 왜 피터에게 잘못된 점을 말해 주어야 한다고 생각했나요? 그것이 잘못된 생각인 이유는 무엇일까요?

야니의 생각 : 잘못된 점을 말해 주어야 그 아이가 변할 수 있다.

그것이 잘못된 생각인 이유 : 잘못된 점을 지적하고 무엇을 하라고 하면 그 아이는 받아들이지 않으니까. 지적 대신에 질문하여 생각하게 하면 스스로 해결방법을 찾게 되니까.

 야니가 풀어야 할 네 번째 질문 '왜 질문이 답보다 좋은 걸까?'에 대한 답은 무엇인가요?

- 내가 질문을 한다. ⇨ 상대방은 생각하게 된다. ⇨ 상대방은 스스로 해결방법을 찾게 되나. ⇨ 상대방은 문제를 해결하는 힘을 갖게 된다.
- 내가 답을 먼저 알려준다. ⇨ 상대방은 생각하지 않게 된다. ⇨ 상대방은 문제를 해결하는 힘을 갖지 못한다.

생각 페이지
'가지', '구름', '야심찬 목표나무'를 이용해 스스로 생각하기

피터는 '늑대다.'라고 소리치는 것 같이 다른 사람들을 골탕 먹이고 놀리기를 좋아했어요. 피터가 그렇게 하면 안 된다는 것을 깨닫게 하기 위해 야니는 어떻게 하였나요?

야니는 피터에게 답을 가르쳐 주는 대신에, 차근차근 질문을 던져서 피터가 어떤 행동을 해서 안 좋은 결말이 나오게 되었는지 생각하게 하면서 '가지'를 그리게 했다.

피터는 다른 사람들을 골탕 먹이고 놀리는 것을 멈춰야겠다고 생각했어요. 그런데 그게 쉽지 않다는 것을 알고 고민에 빠졌어요. 야니는 피터가 '구름'을 이용해 고민을 해결할 수 있도록 질문들을 던졌지요. 피터가 '원하는 것 ①, ②'와 '필요한 것 ③, ④' 그리고 '목표 ⑤'에 대해 적어보세요.

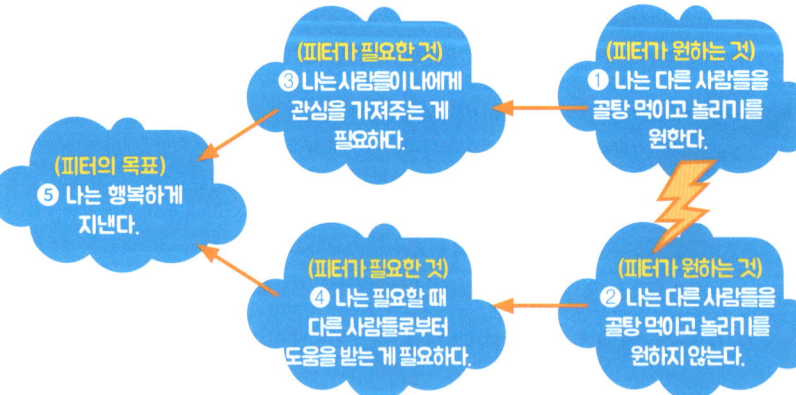

 피터는 앞의 구름에서 다른 사람들을 골탕 먹이고 놀리지 않으면서도 자기가 필요한 것 두 가지(③, ④)를 모두 만족시킬 수 있는 해결책으로 어떤 아이디어를 생각해냈나요?

다른 사람들에게 좋은 결말로 끝나는 이야기(사람들을 기분 좋게 하는 이야기)를 해준다.

 피터에게는 '사람들을 기분 좋게 할 이야기를 해준다.'는 목표가 쉽지 않아 보였어요. 피터가 '야심찬 목표나무'를 이용해 이 목표를 달성할 수 있도록, 야니는 피터에게 질문을 던졌지요. 피터가 그린 '야심찬 목표나무'에서 '걸림돌'과 '디딤돌'을 적어보세요.

야심찬 목표
나는 사람들을 기분 좋게 할 이야기를 해준다.

걸림돌 목표에 도달하는 걸 가로막는 것	디딤돌 걸림돌을 극복하는 방법
• 아무도 내 이야기를 믿지 않으려 한다. • 좋은 결말로 끝나는 이야기는 지루하다. • 나는 좋은 결말로 끝나는 이야기를 하나도 모른다.	• 내가 변화하고 있음을 보여준다. • 좋은 결말로 끝나는 이야기를 재미있게 만든다. • 어떤 사람에게서 좋은 결말로 끝나는 이야기를 듣는다.

생각 페이지
계속해서 도전하기

 야니는 피터에게 네 가지 질문에 대한 답을 찾아가면서 자신이 배운 걸 말해 주었어요. 그것은 무엇인가요?

문제를 두려워하지 않아야 하고 나의 실수를 인정해야 한다. 문제를 통해 배울 수만 있다면 미래를 바꿀 수 있다.

 모험을 마칠 때 야니는 어떠한 사람으로 바뀌었나요? 어떻게 그렇게 바뀔 수 있었나요?

스스로 생각하고 문제를 풀어나갈 수 있는 능력이 있는 사람.

구름, 가지, 야심찬 목표나무 생각도구들을 이용해 생각을 열심히 했다.

또 다른 사람들에게서도 많은 것을 배우는 노력을 했다.

야니는 요안나 여왕을 구출해서 자신의 목표를 이루었어요.
야니에게는 또 다른 도전이 생겼어요. 그것이 무엇인가요?
야니의 꿈은 이루어졌을까요?

- 야니의 새로운 도전 : 다른 사람들에게 생각도구를 적용하는 법을 계속 가르친다는 목표.
- 야니의 꿈이 이루어짐 : 섬의 소녀까지도 구름 생각도구를 잘 사용할 정도로 많은 사람이 생각도구를 이용하고 있다.

마침내 자신의 목표를 이룬 야니처럼, 여러분은 마음속에 품은 '목표'가 있나요? '구름', '가지', '야심찬 목표나무' 생각도구를 어떻게 사용하면 목표를 이룰 수 있을까요?

- 구름 – 이렇게 해야 할까, 저렇게 해야 할까 하는 고민을 해결하고 싶을 때
- 가지 – 어떤 결말이 나오게 되는지를 알고 싶을 때, 더 좋은 결말을 내기 위해서 무엇을 해야 할지를 알고 싶을 때
- 야심찬 목표나무 – 이루고 싶은 야심찬 목표가 있는데, 어떻게 이룰 수 있을지 계획을 세울 때

TOCfE(TOC for Education)
창의·인성 교육 및 문제 해결력 증진의 혁신

TOCfE는 무엇인가요?
TOCfE는 이스라엘 물리학자 엘리 골드랫 박사가 창안한 경영 및 조직의 문제해결 프로세스인 TOC(Theory of Constraints, 제약이론)를 교육현장에 맞게 단순화시킨 것으로, 창의·인성 교육 및 문제 해결력 증진을 위한 혁신적 대안으로 인정받고 있습니다.

TOCfE 생각도구
TOCfE에서는 문제해결을 위한 효과적인 생각을 촉진하는 세 가지 그래픽 도구들을 사용합니다.
구름(Cloud) / 가지(Branch) / 야심찬 목표나무(Ambitious Target Tree)

TOCfE 교육을 위한 생각도구 3종
연구 개발 : 한국TOCfE연구회 | 제작 판매 : 도서출판 학토재

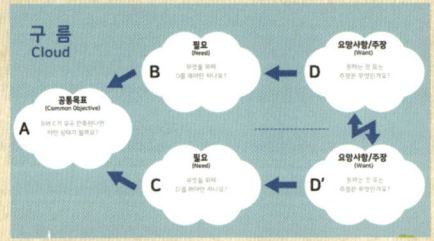

구름(Cloud)은 다양한 상황에서 발생하는 갈등(개인의 딜레마, 의견 불일치, 찬반 논쟁 등)을 이해하고 그 해결책을 찾는 데 사용하는 TOCfE 생각도구입니다.

서로의 주장뿐만 아니라 그 이면에 있는 필요(Need)에 대하여 관심을 갖게 합니다. 갈등을 조정하고 관계를 회복하는 능력을 기를 수 있습니다.

가지(Branch)는 논리적 사고의 근본인 인과관계('만약 A라면, B이다')를 명확하게 예상하거나 깊이 탐색하는 데 사용되는 TOCfE 생각도구입니다.

원인과 결과를 명확하게 예상함으로써 책임감 있는 의사결정을 할 수 있습니다. 사람 사이의 의사소통에 효과적이며 교과 내용을 더욱 깊게 이해할 수 있습니다.

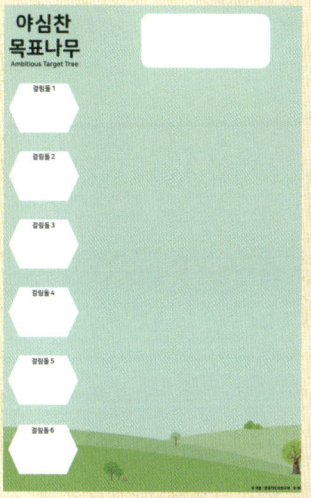

야심찬 목표나무(Ambitious Target Tree)는 야심찬 목표를 달성하기 위해 체계적으로 기획하고, 목표와 현재 상태 사이에 상세한 중간단계의 활동 계획을 만드는 데 사용된 TOCfE 생각도구입니다.

목표 달성을 방해하는 걸림돌을 파악하고, 이를 극복할 수 있는 디딤돌을 찾아 우선 순위를 정하여 실현 가능성을 높여줍니다. 또한 목표에 도전해 보고자 하는 자신감과 리더십을 갖게 됩니다.

문의

쇼핑몰) www.happyedumall.com   고객센터) 02-571-3479

저희 학토재는 교육의 핵심요소인 '꿈·학습·관계'를 위한 교육도구와 프로그램을 개발하고 교육, 출판, 나눔을 통해 세상에 기여하고자 합니다.